先生がパパ先生になったら読む本

江澤隆輔・森俊郎・佐賀井隼人・井上和雄　著

――先生がパパになったら、仕事や生活はどう変わるのか?

世の中にはたくさんの教育書、たくさんのパパ向け育児書がありますが、「教師」と「親」の両立について書かれた本は多くありません。


〝子育てをしながら、教材研究はいつやっているのか?〟

〝出勤前の保育園の送り迎えはどちらがやるのか?〟

〝パパ先生も育休は取れるのか?〟

〝土日の部活はどうなるのか?〟


本書は、このようなパパ先生ならではの疑問について、実際に子育て中の三人のパパ先生にお答えいただいたものです。

それぞれ、住む地域や家族構成も異なれば、人生観や教育観も異なります。

様々な考え方に触れながら、パパ先生ライフの参考にしていただければと思います。


また、6章では、教職員の産休・育休制度についての基本情報をまとめました。

出産や育児を支える様々な制度があります。まずは知ることが大事です。

(なお、同じ内容を姉妹編『先生がママ先生になったら読む本』にも掲載しています)


自分の人生や家庭生活を充実させながら、楽しく教師生活を続けていくために。

本書がお役に立てれば幸いです。


『先生がパパ先生になったら読む本』編集部

contents

第3章 働き方の変化 —— 59

contents

contents

第6章

教員の産休・育休制度 153

第1章

パパ先生座談会

パパ先生のリアルな日常

〈参加者〉※内容は座談会開催時のものです。

江澤隆輔さん

福井県の中学校教師15年目。教科は英語で、部活動はテニス部で副顧問。子どもは9歳の息子、7歳の息子、4歳の娘の三人。

森俊郎さん

岐阜県の小学校教師13年目。教務主任をしながら、育休と部分休を取得。子どもは9歳の娘、6歳の息子、3歳の娘、0歳の娘の四人。

佐賀井隼人さん

山形県の中学校教師7年目。教科は数学で、野球部の顧問。子どもは3歳の娘ともうすぐ生まれる息子の二人。

ゲスト Tさん（仮名）

小学校教師9年目。現在、1年間の育児休業中。子どもは3歳の娘と0歳の娘の二人。

01 パパ先生の平日の過ごし方

司会　まず、お子さんのいる家庭での生活について、一日の流れで教えてください。

江澤　起きるのは早いときで朝3時です。学校の仕事を持ち帰ることはほぼないんですけれども、セミナーのスライドを作ったり原稿を書いたり。6時くらいになると子どもたちが起きてきて騒ぎ出すので、それまでが勝負です。7時に家を出て、7時半頃に学校に着いてコーヒーを飲んで、8時から朝の会、そして授業。16時くらいに帰りの会で、その後30分か1時間ぐらい仕事をして17時頃に帰宅します。

上の二人は小学生なので学童保育に通っていて、16時半くらいに妻が迎えに行くことがほとんどです。下の子の保育園のお迎えは16時とか17時なので、僕が行くときもありますが、妻が行くときもあります。うちは二人とも教員ですけれども、妻のほうが時間が取れる働き方をしているので、そういう感じで過ごしています。

18時くらいに家族で一緒にご飯を食べてお風呂に入り、読み聞かせをして20時半から21時くらいに寝ます。僕も一緒に寝ます。だから3時に起きようと思えば起きられるという感じです。

森　6月に四人目の子が生まれて、妻はいま、育休中です。私は今年度、育児部分休業というのをいただいていて、早く帰れるので、ちょっと特殊かもしれません。

朝、小学生の娘たちは、近くの集合場所に集まって登校するので、集合場所まで送っていきます。雨の日だと「送ってって」とごねるので、車で送っていくこともあります。学校までの距離が3キロ弱あって遠いのです。

8時前にはそれらを終えて8時前くらいに学校に着きます。そこからは授業と教務の仕事。平日は週3で部分休を取っているので、15時45分には学校を出ます。

家に帰ったら子どもの勉強をみたり、天気が良いときには近くの公園で遊んだり。あとは子どもの習い事があるので、その送り迎えに行ったりします。その後、風呂に入ったりご飯を食べたり。寝る前には本を読んだり遊んだりして、21時に子どもたちと一緒に寝る、みたいな生活です。

大体4時くらいに目が覚めるのでそこから仕事。「教育とエビデンス」についてずっと研究しているので、それに関わることに取り組んでいます。

T いまは6時半くらいに起きて、上の子を8時半に保育園に送っていきます。この6時半から8時半までの間で娘が機嫌を損ねると保育園に行かなくなったりするので、試行錯誤しています。

僕が育休に入るまでは、登園は7時半で、朝起きて、ご飯を食べたらもうそのまま保育園に行っちゃう感じだったんですけれども、育休に入ると保育園の等級みたいなのが変わって1時間短くなったのです。その時間をどう過ごそうかなということを、いまは必死に考えています。

妻は、下の赤ちゃんの授乳とかで体力を使っている時期なので、料理、洗濯、家事を全部僕がしています。それを一通り終わらせて、16時半に保育園に迎えに行きます。これも僕が働いているときだったら18時半だったんですけれども、2時間短くなったので、家に帰ってきて、どう子どもをなだめるかというところが難しいですね。ついつい早く寝かせちゃうんです。19時か20時くらいに。その

パパ先生たちの一日比較表

	江澤	森 (部分休業の日)	佐賀井 (第2子誕生前)	T (第2子育休中)
5：00	起床(通常)。ストレッチや原稿執筆	執筆や読書など		子どもが早く起きることも…
5：30			5：50　起床 食事の支度	
6：00	子ども起床	子ども起床	子ども起床	
6：30	朝食・準備	朝食・準備	朝食・準備	起床 食事の支度
7：00	自宅出発 (妻が保育園送り担当)		自宅出発 (妻が保育園送り担当)	朝食 上の子の登園準備
7：30	出勤	子どもをそれぞれ送ってから通勤		
8：00		7：50　出勤	7：45　出勤	保育園送り(育休中は8時半以降)
9：00～15：30	勤　務			洗濯や家事など
16：00		15：45　退勤		夕食の準備
16：30	退勤。たまに保育園迎え	帰宅。子どもたちと遊ぶ		保育園迎え
17：00	みんなで公園で遊ぶ	習い事の送迎		
17：30			退勤	夕食
18：00	帰宅	夕食	帰宅	
18：30	子どもとお風呂		子どもとお風呂	夕食の片付け
19：00	夕食	夕食の片付け	夕食	子どもとお風呂
19：30		子どもとお風呂		寝かしつけ
20：00	絵本を読んだり遊ぶ	子どもと遊ぶ		子ども就寝
20：30	寝かしつけ	寝かしつけ	寝かしつけ	
21：00	一緒に就寝	一緒に就寝するか、復帰して原稿執筆	一緒に就寝するか、勉強・研究	家事など
22：00				就寝
23：00		遅くとも就寝	遅くとも就寝	
23：30				
3：00	(やることがある日は起床)			
4：00		起床		

せいで朝は子どもがめっちゃ早く起きるので、負のスパイラルです……。

佐賀井　僕の平日の過ごし方は、5時50分に起きて朝食準備から始まります。僕は朝がちょっと苦手なので、江澤先生や森先生の3時はすごいなと思いました。

保育園の送りは妻に任せ、7時20分頃に自宅を出て7時45分頃に学校に到着します。子どもがいなかったときは7時過ぎには行って準備したり、朝は集中できていたんですけれども、いまはそういうわけにはいかないので、8時前に到着してクラスの準備をします。

その後、授業。部活のある日を想定すると大体18時から18時30分に帰宅するという形で、お迎えは妻が行くことが多いです。ただ妻も正規で中学校の教員をしていて部活もあったりするので、休みが重なったりとか僕が空いている日はお迎えにも行っています。

帰宅した後は、妻が夕食を作っている間にお風呂に入って、ご飯を食べて歯磨きをして本を読んで、21時から21時30分ぐらいに寝られたらいいなというところです。

02 パパ先生になって……

司会　パパ先生になって、一番の変化はどのようなことですか。

江澤　まずは、部活を見直したことですね。それまではガンガンやっていたんですが、ちょっと見直して副顧問になりました。多分、僕の年代の男性で、小中高とばりばり運動の部活をしてた人が副顧問をするのは珍しいと思うんですけれども、その辺は校長先生に何とかお願いして副顧問にしてもらいました。ただ、部活顧問の仕事は好きなので、もう少し子どもが大きくなったらまた部活をやるか、地域のスポーツ少年団とかで教えたいなと思っています。

森　できなくなったことは、やっぱりゆっくりトイレに入ることです（笑）。子どもが四人もいると家ではゆっくりは入れず、落ち着いてトイレができるとき、幸せを感じます。ふう、みたいな（笑）。自分の時間というのはやっぱりなかなか取れないです。どの親でもそうだと思いますが、一人暮らしのときと比べたら全然違いますね。妻との時間もなかなか取れない。二人でどこかに出かけたり、ゆっくりお茶を飲んだり、という時間がないのがちょっとさびしいです。妻のほうはそんなことは求めてないのですが（笑）。

T　子どもができてからは生徒指導ができなくなりました。夕方、生徒指導の会議をしていても途中で抜けて帰らなければならなかったりして。「勤務時間外のことではあるのだけれども、そこを工夫して学校の子どもとも関われるようにしてほしい」と校長に言われていました。生徒指導主任をしていると一週間のうち3日は、夕方遅くまで残らなければならないことが多かったので、家庭との調整が難しかったです。

佐賀井　長時間にわたる勉強とか研究とかはできなくなったと思います。初任~2年目のときは、土曜日の部活が終わった後に4時間くらい学校で教材研究をしていました。よくやっていたなと思うんですけれども、いまは絶対にできないですね。

野球をずっとやってきたので、部活も好きなんですけれども、それにかける時間もなくなりました。いまの学校では副顧問、主顧問という区別はなく、サポートに回るような立ち位置でやっています。

司会　土日は試合などもあると思いますが、お子さんが生まれる前と後でどう変わってきましたか。

佐賀井　２０１６年が初任だったのですが、その頃と比べても学校の働き方改革の流れが進んできました。以前だったら練習試合が終わった後も夕方まで練習ということがありましたが、いまではそういうこともなくなって、部活の時間は以前よりも減ったかなという感じはします。

03 急なお迎えなどへの対応

司会　急な発熱などで保育園にいるお子さんを迎えに行かなければならないときはどうしていますか。

T　子どもの朝の体調をみて、今日は怪しいなというときには、事前に妻と今日の授業はこれがあるので何時間目までに連絡が来たら僕が行くわ、何時間目より後だったらそっち頼むなというふうに決めます。僕が行けない時間にもし連絡が来たら、「妻のほうに回してください」と保育園に伝えます。

江澤　僕は一つのクラスを二つに分けて二人で担当するという習熟度別授業が週の半分くらいあるので、どうしようもないときはその半分になったのを合体してもらって、もう一人の先生にやってもらおうと思っています。いま「思っています」と言ったのは、実はうちの子たち、これまで一度も熱を出して呼び出されたことがなくて。ありがたい！

司会　二人体制なら、どちらかが休んでも何とかなるというのは、授業でも部活でも何にでも言えますね！　お子さんたちの健康の秘訣はありますか。

江澤　息子二人は常に家の中で走っています

ね。瞬間移動できる二人、目を離したらもうどこかへ行っているくらい走っています。あとは、食後に必ずフルーツを食べています。リンゴとかモモとか。

佐賀井　発熱への備え……うちもめったに熱を出さなくてそこはすごく助かっています。ただ、熱も出さずに頑張っているね、と僕も妻も安心していた矢先に娘が熱を出したときは大変でした。幸い妻は保健体育の教員で、体育は二人でみることが多いので、もう一人の先生に授業をみてもらっている間に妻が迎えに行ったりしました。

そこで思ったことですが、可能な限り時間割を調整しながらも、駄目なときは駄目だと割り切って、授業を振り替えたり自習にしたりすることも必要だなと。うまくタイミングが合えば別の教科の先生に入ってもらって、逆にその授業の1コマを私がもらったりします。

自習の場合、4月に家庭学習ノートの指導をしているので、クラスの子どもたちはそれを使って自主的に勉強してくれますね。

司会　1時間くらい急に自習になっても何とかなるという体制ができているんですね。他教科の先生との日頃の人間関係も大事なんですね。

森　子どもが体調を悪くすることは結構あります。一番上の子は、私が中学校に勤務していたときに何度も入院することがあり大変だったので、その頃からいろいろと考えて準備しています。

急に何か入ったときのために、授業プリントを準備しておく。あとは、小学校高学年になると自分たちでいろいろできるので、子どもたち自身で進めていけるよう授業の土台をつくっておいたりしました。他の先生と授業を交換して対応することもあります。
あとは近くにいるおじいちゃんおばあちゃんにお願いしたり。実際には使ったことはまだないのですが、民間の病児保育のサービスを調べたりもしています。

04 妊娠・出産・立ち会いエピソード

司会 プライベートなお話になりますが、出産のときのエピソードについてお聞かせいただけれますか。

江澤 三人子どもがいるうち、上の子二人は里帰り出産でした。妻の実家がある広島で生まれたので、立ち会えていないんです。一番下の子のときは福井にいて、ちょうど土曜日だったので、立ち会えました。

佐賀井 一人目が生まれるときは予定日よりもだいぶ遅れたので、妻が入院しました。教員は出産前後は3日間休める制度があったので、それを全部使いました。管理職からも「人生ですごく大事なことだから休んでずっとそばにいてあげなさい」という言葉をかけていただきました。私も一緒に2日間くらい病院に泊まりました。まだ新型コロナウイルスが流行る前だったので、無事に出産を見届けることができました。

T 一人目のときは1月で、学校のスキー教室と重なるかどうかというタイミングでした。クラスの子どもたちからすれば、年に一回のスキー教室に担任がいないということになるので、非常に悩みました。
さらに、当時、僕は通信教育を受けようとしていて、その学校に入るための入学試験も出産と重ならないか心配でした。本来だったら全てをすっぽかして出産に立ち会うべきなんだろうけれども、入学試験も一年に一回しかないし、受験料を払っているし……と言ったら妻に怒られて。結局、試験とずれたのですが、生まれそうになったら何が何でも帰ってくるという約束でスキー教室には行きました。もしこれが運動会や修学旅行と重なったらどうするんだろうと思いました。

司会　ママ先生は、そもそも産休に入っているから学校行事と出産が重なることはないけれど、パパ先生は行事と重なる可能性があるわけですね。

森　出産は四人もいるのでいろいろあり過ぎて、何をお伝えすればいいのか（笑）。うれしいエピソードも山ほどあるんですけれども、逆にやらかしてしまった、失敗をしたエピソードのほうが多いです。例えば最初の子は、陣痛が来てから背中をさするためにテニスボールが良いという話を聞いて、「テニスボールを持ってきてね」って妻から頼まれていたのに忘れてしまった。さらに、産後も妻の癇に障る発言をしてしまうことが多々あり……。

あとは、出産間近でおなかが大きい時期はとにかく家でゆっくり休んでもらいたくて、上の子ども三人を連れて夕方に「自転車の旅に出る」ということをやっていたんですけれども、家に帰る途中にどうしてもおなかが空いたので寿司屋に寄ってしまって。夕飯を作ってくれているのに内緒でみんなでお寿司をちょっと食べて帰ったことがあります。「ママには黙っておこう」って言ったのに長女が口をすべらせ、妻に怒られました。日々、反省です。

司会　貴重なやらかしエピソードをありがとうございます。ちなみに、もし担任をしているクラスの卒業式と奥さんの出産が重なったら、どちらに出席されますか。

T 「出産」という方が多いと思いますが、僕は担任しているときはちょっと悩みます……。

司会 入学式だったらどうですか?

T 入学式だったら、出産に立ち会います。

司会 最終学年の担任をしていると、卒業式はやっぱり大きいんですね。それでも出産立ち会いが最優先!という感じですね。こういう話はこれからパパ先生になる方にとって参考になると思います。

05 家庭での役割分担

司会 子育てをしながらの、家事育児の役割分担はどのような感じですか。

江澤 買い物と食事作りは全て妻にやってもらっています。その分、育児やその他の家事、掃除とかはかなりやっているつもりです。役割分担しながらやっていますね。

司会 それはお子さんが生まれる前からそうだったんですか。それとも生まれてから変わりましたか。

江澤 生まれる前は僕、全然何もしていなかった気がします。申し訳なかったですね。産後、母親はお乳をあげたり抱っこしたりするだけで時間が取られるので、自然にこうなっていった感じです。

佐賀井 僕は朝食だけ担当していますけれども、料理や買い物は妻がやってくれています。それ以外のお皿洗いや洗濯など、料理以外の家事は積極的にするようにしています。妻にはどう見えているかわからないんですけれども(笑)。

司会 買い物はどうしても献立・料理に連動しますからね。

T うちはいま、家事全てを僕がやっているんですけれども、1カ月たって妻が少し動けるようになってきて、「ちょっとずつ料理したいな」みたいなことを言い出しています。

司会　T先生は一年間の育休を取得されて、いまは料理もされているんですね。以前からご飯を作っていたんですか。

T　全然しなかったです。図書館で料理の本を借りたり、料理アプリなども使ってちょっとずつ覚えていきました。上の子が野菜が嫌いなのでどうやって食べさせようかと考えて、野菜の飾り切りを習得しました（笑）。

森　役割分担は、うちはこれがどっちというのは決まっていないです。平日はどちらかというと育休を取っている妻のほうに多くやってもらっています。私が家にいるときは買い物、食事作り、掃除、洗濯などもやります。上の娘が小学4年生くらいになったころから掃除とか洗濯とかを遊びながらみんなでやっています。妻のリフレッシュタイムを作ったり、ねぎらったり感謝したりということは意識しています。妻がどう思っているかはわかりませんけれども。

司会　お互いに「ありがとう」「ごめんね」って言えることは大事ですね。この本の校正のときには、管理職だけでなく奥さんにもチェックをしてもらわなければですね。

森　全却下になる可能性もあるので、ご理解ください（笑）。

06 パパ先生になって見えたこと

司会　ご自身のこと、家庭のこと、人生のことなどで、パパになったからこそ見えてきたことがありましたらお聞かせください。

江澤　一番上の子が9歳なので、9年間子育てをしてみて感じることは、担任している子どもたちへの見方が変わったということです。具体的には、生徒の向こうにいる保護者をリスペクトするようになりました。15年間も子どもを育て成長させた、それだけでもすごいことです。いままでの子育ての歴史があっていまこの生徒がいるんだなというのはすごく思いますね。

司会　目には見えない保護者の存在の大きさですね。

江澤　あとは、僕は英語の教員なので、自分の子どもが日本語をどう習得していくのかというのが勉強になります。日本語を学んでいくときに、その単語単語を学ぶわけではなくて、あいうえお、かきくけこ、さしすせそ……などの読みがきちんとできるようになればいろんな日本語の単語を読めるじゃないですか。英語も一緒でそれをきちんとやっていくといろんな単語を読めるようになるなと。

そういうところで勉強になっています。

佐賀井　見えてきたことは大きく二つあります。一つは江澤先生がおっしゃった保護者へのリスペクトと同時に、自分の両親へのリスペクト。両親の話を聞いたりすると、男の子の子育ては大変だったみたいなので、ここまで育ててもらったことへの感謝を感じます。生徒への言葉がけも、子どもができる前は見えていないまま話していたなと反省する部分がたくさんあります。子どもが生まれた後、相手に傾聴することもできるようになりました。

もう一つは時間に対する意識です。限られた時間でやりくりしなければいけない。働き方改革って学校の制度とか仕組みを変えるだけではなくて、僕たちの働き方が大事だと思うんです。限られた時間の中でやるということ。例えば学校によっては勤務時間が8時20

分にも関わらず、7時50分から生徒の学習会が入っていたりするところもあります。そういうことに違和感をもつようになりました。勤務時間感覚のない文化ってまずいなと。

司会　勤務時間の問題は、学校経営につながるお話ですね。

T　僕も自分の親とか保護者に対する考え方が変わりました。

あとは、担任業務の変化。手帳をしっかり書くようになりました。それまでは時間割を書いて、学期末に時数集計するだけだったんですけれども、その時間に何をするべきなのかというのを明確にすることによって、引継ぎのときに「僕のあのノートを見てくださ い」とか、出産が近づいてきたときにそのコピーを机の上に貼っておいて、後に入ってくれる先生が見られるように詳しく書いておいたりするようになりました。それが一番大きな変化かなと思います。自分の机に貼っておくだけなんですけれどもね。

司会　なるほど。「あ、今日はT先生はお休みだけれど、こういう予定だったんだな」ということが他の先生方にもわかるというのは危機管理の一つですね。

森　うちは子どもが四人もいるので考え方ががらがらと変わりました。「ドラクエV」でいうとパパス（主人公の父親）みたいな気持ちです。いつの間にか主人公は自分ではなく子どもたち世代に変わっていたみたいな。だからこそ、いままで見つけられなかった幸せをたくさん見つけた！という感じですね。

四人の子どもを連れて外に出るときはドタバタするんだけれど、たまに一人になったときにめっちゃ身軽になって自由に動ける喜びに気づいたり、子どもの寝顔がこんなにかわいいんだと感じたり。そういう気づきは本当にいっぱいあります。

いままでこだわったり、いろいろ工夫してきたけれども、実はそんなことよりもパパとママが笑顔で生きていること、それが子どもにとっては幸せで大切なことなんだと気がつきました。

司会　育児書を見ても、一番大事なのは親がごきげんで笑顔でいることとよく書かれています。

森　学校においても同じで、同僚と喧々諤々するのではなく、大人同士が楽しそうにしゃべっている姿を生徒が見ることで、「大人って楽しいんだ」と伝えることが大事なのではないかと思うようになりました。

雑談の中で、職員一人ひとりの人生や背景まで知ると、一緒に働いている人への感謝が生まれたり、存在の大切さを感じます。

最後に加えておきたいのですが、お子さんがいなくても担任として素晴らしい方もいらっしゃるし、児童生徒や親御さんといい絆を築いていらっしゃる方もいます。子どもが生まれたから教師のレベルが上がるとか、子育ては教師にとっていいよ、ということだけではないと思っています。

司会　これから中堅に向かい、学校経営にも携わるようになる先生方も多いと思うので、すごく大事な視点だと思いました。ありがとうございました。

（おわり）

第2章

〝先生〟から〝パパ先生〟への変化

第2章

1

平日の一日の過ごし方は、どんな感じですか？

持ち帰り仕事はせず子どもたちとの生活を優先しています。

平日の起床時間はバラバラで、学校外の仕事（書籍の執筆など）が溜まっているときは3時頃に起きて、3時間ほど仕事をしています。学校の仕事は学校の勤務時間に終わらせるようにしているので、いわゆる「持ち帰り仕事」はほぼありません。学校外の仕事がないときは5時頃に起きてストレッチをします。6時くらいに子どもたちが起きてきて、みんなで朝食。7時過ぎに家を出て出勤します。

16時半から17時過ぎに退勤します。退勤時、妻に連絡をして、近くの公園などにいるようならそこに参加（参戦？）して、帰ってみんなでお風呂に入り、夕食を食べます。その後は絵本を読んだりお話をしたりして、9時前に私も一緒に就寝します。以前は、子どもを寝かしつけた後に仕事をしていたこともありますが、夜は集中力が低いこと、また、子どもと一緒に眠りについたほうが幸せだということに気づき、いまのようなスタイルになりました。

（江澤）

現在は、四人目の育休取得後、育児部分休業という勤務形態で働いています。基本的に、15時45分までの勤務です（仕事の都合で帰れないときも多々あります）。

帰宅後は、上の子の学校の宿題を見たり、夕方、近所の公園に行ったりしています。スポーツ少年団やピアノなどの習い事への送迎もあります。夕食後は、夕飯の片づけをしたり、一緒にお風呂に入ったり、談笑をしたりすることが多いです。9時頃まで絵本の読み聞かせをして、子どもたちを寝かしつけます。朝は、早めに起きて仕事をした後、6時20分頃に子どもたちを起こし、小学校や保育園に送り出す準備を妻と一緒にします。慌ただしい中で、子どもたちを学校や保育園まで送った後、勤務校には8時前に出勤します。育児部分休業のお陰で、平日夕方以降の子どもたちとの豊かな時間を生み出すことができています。

（森）

育児部分休業を取得して4人の子どもたちと豊かな時間。

平日はすべてルーティン化！効率的な過ごし方を追究。

朝

5時50分に目を覚まし、家事をするところから平日の一日がはじまります。朝食をとり、身支度を整え、子どもの服の着替え、保育園に行く準備などを妻と行い、7時20分に家を出ます。現任校では通勤経路の関係上、妻が娘を保育園へ送り届けます。行きの車での25分はニュースで情報を仕入れ、7時45分くらいに学校に到着。校務スタートです。

夕方は帰りの会を終え、部活へ。部活指導を終え、原則的に職員室には戻らずにそのまま退勤できるようにしています。帰り道の25分はAudibleで読書をしながら運転します。妻と連絡を取り合い、どちらかが娘を迎えに行きます。そこからはノンストップで、夕食、お風呂、歯磨き……、と進んでいき、21時頃には子どもを寝かしつけ、そこから22時30分までは自分の時間です。平日は子どもとの生活を大切にしながら〝ルーティン化〟していくことが何よりも重要だと考えます。

（佐賀井）

第2章

2

パパ先生になって どんなことが 変わりましたか？

教材研究の時間が取れないので オンラインを活用しています。

パパ先生になって、長時間の教材研究や教材開発ができなくなりました（どうしても……という日には妻に伝えて、がっつりと集中して行います）。独身のときは同僚の先生と「ああでもないこうでもない」と授業について議論したり、生徒の英語力をどうやって上げていこうかと話し合ったりするのがとても楽しかった覚えがあります。しかし、いまは自分の子どもたちとの時間を優先しているため、時間のかかる教材研究はできません。代わりに子どもが昼寝をしている隙間時間などにタブレットやスマホで教材研究をしています（良い時代で、模範的な英語の授業や、先進的な実践までスマホがあれば見られます）。動画共有サイトで「教科名＋授業」などと検索すれば、授業のヒントがたくさん出てきます。

また、最近は英語の教員に特化したオンラインサロンを作って、全国の先生を集めて隙間時間で授業研究ができるような仕組みを作りました。

（江澤）

一番変わったことは、「お金と時間」の制限です。子どもが生まれる前は、自分で好きに「お金と時間」を使っていました。仕事では、夜遅くまで学校に残って他の先生たちと教育談義に花を咲かせたり、土日も自分が納得するまで教材研究したりして、読みたい本や行きたい場所にいくらでもお金と時間を費やしていました。またプライベートの生活では、自炊することも少なく、友達と遊びほうけていました。

当たり前ですが、パパ先生になったらこういったことはできなくなりました。若かりし頃の良い思い出ですが、いま思うと、そのような「お金と時間」の制限のない生活ができなくなって良かったと思っています。

（森）

お金と時間が制限されて
自分の時間がなくなりました。

自己研鑽や力量形成の時間は家族との時間に変わりました。

休日に職員室や自室にこもって、部活指導や教材研究、学級経営の準備などを熱中して行う……それは親になったら手放さなければならない時間です。僕は初任校が住まいから近かったこともあり、休日の半日は職員室や教室で授業の準備、研究会の準備、学級経営の準備など、いわゆる自己研鑽を長時間行っていました。大量に書籍を購入し、読みあさって一日が過ぎた……なんてこともしょっちゅうでした。また、野球部の顧問として部活動経営にも力を入れ、県大会で優勝、東北大会で通用するチームづくりはどうしたら良いかと、夢中で指導を行っていました。休日の長時間の思索が平日の充実を生み、教師という仕事が愉しく思えるとともに、力量形成にも間違いなくつながっていったと思います。

いまは、まったくと言っていいほどそのような時間は取れません。しかし、長時間、家族の幸せのために時間を注げるということは何にも代え難い充実でもあります。

（佐賀井）

第2章

3

妻の妊娠から出産まではどんな感じでしたか？

おなかに話しかけたりしながら徐々に自覚が芽生えました。

女性はおなかの中に命が宿り、母親の自覚が芽生えるが、男性は父親の自覚をもつのが遅いとよく聞きます。私もそうでした。妻が長男を妊娠したときは、徐々に妻のおなかが大きくなってくるのがとても不思議で（いま考えると当然ですよね）、おなかを触らせてもらうと、おなかを蹴っている様子がわかりました。それもとても不思議な感じがして、「いつ生まれてくるんだろう」と想像しながらも、親になるイメージをもてずにいました。

しかしよく妻のおなかに話しかけていました。まだ名前がないので、「ベビーちゃん」と呼んでは、「お父さんだよ」と呼びかけたり、歌を歌ったりしていました。妻が検診に行くたびにもらってくるおなかの中の写真に喜び、妻と「目が父親に似ている」と言っては、少しずつおなかの中に本当に自分の子どもがいるんだと、覚悟？を決めていきました。

（江澤）

四

人それぞれの出産でしくじりエピソードがあります。一人目の陣痛の際には、出産に向けて荷物の準備を万全にしていたのにも関わらず、妻から依頼のあった陣痛を和らげるためのマッサージ用テニスボールを家に忘れてしまいました。二人目の陣痛のときには、今度こそ、妻の役に立てるようにと思って、病院へ向かう際、家の玄関先でさっと立っていたところ、出会い頭で妻をびっくりさせてしまい、陣痛を途中で止めてしまいました。三人目の出産日には、三度目の正直！とばかりに、病室で妻との会話を盛り上げようとしたのですが、その日付に起こった過去の暗いニュースの話をつい口走ってしまい、妻の機嫌を害してしまいました。四人目の出産の際には、地元のテレビ番組で取り上げられました（有名な子育てコーナーにて）。これまでの反省を生かそうと全力で気の利いたコメントをしたつもりでしたが、たいそうすべってしまいました。

（森）

4回の出産それぞれに
エピソードがあります。

出産前に旅行に行ったり妻との時間を大切にしました。

はじめて妊娠がわかったとき、嬉しさに包まれながらも、「あ～、本当に父親になるときが来るのか」と半信半疑な心境だったことが当時の手帳に綴られていました。妊娠初期は、おなかもまだ出ていませんが、この時期はつわりがひどく体調を崩すことが多いので夫のサポートが不可欠です。平日はなるべく早く帰宅し、休日は妻のそばにいるようにしました。つわりが収まった時期には、子どもが生まれる前に二人で旅行に行って思い出を作ったり、出産後を考えて子育て用品を揃えたりしました。

　また、気づかいと言えるかわかりませんが、僕の場合は妻の話を傾聴することに努めました。仕事の話、これからの話、不安なことなど、そういった話を聞くことで少しでも妻の不安を取り除き、安心して出産に挑める気持ちづくりを共にしました。出産直前は特に、歩行速度や周囲の障害物等にも最大限に気をつかって生活をしていました。

（佐賀井）

第2章

4

出産には立ち会いましたか？ また、どんな状況でしたか？

里帰り出産だったので3人目でやっと立ち会えました。

長男と次男の出産時は、妻は里帰りをしており、しかも遠方だったため、連絡を受けたときにはどう頑張っても立ち会いには間に合いませんでした（残念）。特に長男が産まれたときには、病院に入って数分で産まれるという超スピード出産だったらしく（妻もそんな状態になるまで自宅で我慢？していたそうです）、「陣痛が始まった！」という連絡ではなく、「産まれた！」という連絡を妻の実家からもらいました。次男のときには、陣痛の連絡を受けてすぐに電車に乗り、妻の実家に向かいました。職場には予定日を伝えておいたので、補欠もスムーズにできました。病院に着いたときには、すやすやと眠る次男を見ることができました。

三人目の長女の際には、立ち会えました。励ますことしかできず、無力さを感じながらの立ち会いになりましたが、無事に産まれてきてくれて、また妻も無事に産んでくれて、ありがとうと何度も声をかけていました。

（江澤）

四人の娘・息子たちの産声を聞くことができたことは私の人生の宝物です。いまでもはっきりと耳に残っています。四回の出産後、病院から外に出て空を見上げると、いつも小田和正さんの曲「たしかなこと」が頭の中に流れてきました。「時を超えて君を愛そう　本当に君を守ろう　君のために今何ができるか」（歌詞の一部はオリジナルです）。

出産の日に聞いた天使の声とこの歌詞が、いまの自分の心の礎になっています。

（森）

待ちに待った予定日。いまかいまかと待ちわびるも一向に生まれる気配はなく、妻は入院することになりました。入院のための準備をし、出産のために病院へ。そこからが長い戦いのはじまりでした。入院の後、すぐに陣痛は来ず半日ほどしてから訪れました。徐々に痛みが大きくなり、間隔が短くなってきましたがまだまだ生まれる気配はありませんでした。

産声はまさに宝物
いまの自分の心の礎です。

入院して乗り越えた出産は妻との絆になっています。

妻が入院した日は一緒に病院の陣痛室に寝泊まりしました。僕はソファで仮眠を取りながら、妻が辛そうなときはマッサージをしたり、楽な体勢になるように手助けしたりしました。

朝になり痛みは大きくなってきましたが、まだ生まれてきません。「いつになったら生まれてくるんだ」と途方にくれる状態でしたが、一番辛いのは妻です。妻のために何ができるのかを常に考えました。夕方16時頃、分娩室に入り、出産体勢に入りました。僕は妻の手を握りながら、心の中で応援をしていました。40分ほどして最初に頭が見え、その後、全体が出てきて産声をあげたとき、色んな感情がこみ上げてきて妻と涙ながらに握手をしました。〝立ち会い〟という人生でとても幸せな時間を過ごすことができ、妻と一緒に喜びを分かち合えたことは、いまでも夫婦にとっての絆になっています。

（佐賀井）

第2章

5

赤ちゃんと妻が退院した後は、どんな感じでしたか？

生活は一変しますが
子どもとの生活は幸せです。

妻の退院後、生活は一変しました。おなかがすいたらお乳をあげ（うちは完全に母乳でした）、夜も数時間おきに目が覚めます。よく「子どもが産まれたら妻が変わってしまった」と悲観的な口調で話す友達がいます。しかし、これは少し違うと思っていて、確かに変わったかもしれませんが、家族を守るために変わったのだと思っています。また、夫も家族の中の一員として「父親」に変わることが大切だと思います。子育てをしている父親の実感として、父親は「少しずつ父親になる」気がしています。むしろ、子どもがあなたを父親にしてくれるのかもしれません。学校から家に帰ってきてから子どもたちの顔を見るのが楽しみにもなり、子どもがどんどん大きくなっていくのはとても楽しいですよ。玄関を開けると子どもが駆け寄ってきてくれる幸せな瞬間が、もしかすると私の教師生活を支えてくれているのかもしれません。

（江澤）

出産退院後に出会うのは、「夜泣き」です。特に、一番上の子どもが生まれたときは、初めての夜泣きの経験に加え、夜寝るまでにけっこう時間がかかったりもしたので、夜中、途方にくれるしかないような状態でした。「パパでも授乳以外は何でもできる」という考えのもと、夜中のおむつ替え等を頑張ってみましたが、こちらが力尽き、妻に「ごめん、もうあかん」といって寝入ってしまうこともありました。

　そんな経験を子ども二人、三人と経験し、四人目のいまでは、「この夜泣きはあとどれぐらい続くかな？　過去最高記録○時間を更新するほど元気な子かな？」と、めちゃくちゃ眠い中でも、夜泣きを楽しめるようになりました。「こうして抱っこさせてもらえるのも人生のほんの少しの時間だけ」「どんなに大変なことも、そう長くは続かないだろう」とポジティブに退院後の「夜泣き」生活を送れるようになりました。

（森）

「夜泣き」は最初の試練。永遠ではないのでポジティブに！

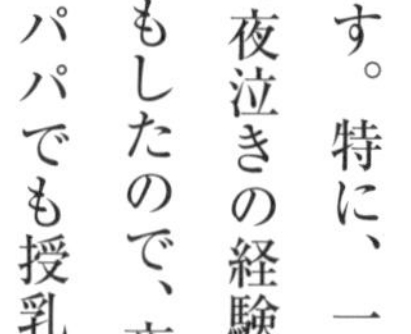

夜中のミルク作りで常に寝不足、意識朦朧でした。

「オギャー」という泣き声が夜泣きの合図です。僕はその度に冷蔵庫に走り、冷たいミルクに熱いお湯を加えて人肌くらいの温度に調整します。それを妻に渡し、飲ませる。これが2回だったら良い方。4回ほど夜泣きがあるときは「勘弁してくれ……」という思いでミルクを作っていました。就寝前にまた冷蔵庫にミルクのセットを作る。この繰り返しの日々です。

寝不足も続き、先行きが見えず、ストレスを感じていました。寝起きで意識が朦朧としているので、熱湯を自分の手にかけたり、ドアに追突したりすることもよくありました。「いやいやそれは盛りすぎだろう」というあなた。一度経験してみればわかるはずです。睡眠不足すぎて翌日の学校の仕事が全く回らず主任と教頭にお願いをし、年休をいただくこともありました。あの時期は懐かしいと思えますが、二度と戻りたいとは思いません（笑）。ミルク作りにはウォーターサーバーが絶対にお勧めです。

（佐賀井）

第2章

6

保育園入園前はどんな生活でしたか？夫婦の役割分担は？

平日は妻に子育てを任せつつ妻のリフレッシュを大切に。

保育園に入園する前は、育休中の妻が子どもを「支援センター」に連れて行って遊ばせたり、ママ友たちと情報交換をしたりしていました。私は子どもが産まれてもフルタイムで働いていたので、早く帰って子どもたちの世話をすることを意識していました。ただ、夏休みなど平日に休みを取りやすい日には、私が子どもたちを連れて支援センターに行き、その間妻にリフレッシュしてもらっていました。

国民生活基礎調査が２０２０年に発表したデータによると、生後１年未満の子どもがいる二人親世帯の父親で、中程度以上の精神不調があった割合は、母親と同程度の11パーセントだったそうです。父親の長時間労働とも相関があります。長時間労働との相関を考えると、もしかするとパパ先生を調査したら、もっと割合は高いかもしれません。今後は学校での責任も増え、校務分掌も主要なものを任されるでしょう。夫婦お互いにリフレッシュする機会をもちたいものです。

（江澤）

保育園入学前には、子どもとお出かけすることができるようになってきます。妻に、一人の自由な時間を少しでも取ってもらえるようにと思い、子どもたちをよく外に連れ出しています。もちろん、子どもたち三人を連れて、図書館や科学館に遊びに行ったりすることはとても大変ですが、楽しいです。

母乳で寝たきりの時期とは異なり、徐々にパパの出番がたくさん出てきます。ただ、外出先でのトイレはとても大変です。男子トイレにおむつ替えの場所がないところがとても多いのです。おむつ替え場所のない男子トイレでは、子どもを便座のフタの上に立たせて、おむつ替えをしました。外出先の男性トイレで必死に汗をかきながら、男性の育児支援のあり方を考えています。

（森）

子どもと外に遊びに行きますがおむつ交換が大変です。

大事なことは復帰後の計画と育児に携わっていることの再認識。

「この子は果たして保育園でうまくやっていけるのだろうか……」という不安な気持ちでいっぱいの入園前、妻と今後の役割分担を話し合いました。前任校のときは自宅と妻の勤務先との間に保育園があったため、お迎えは妻にお願いしました。また、一日の流れや慣らし保育期間のやりくりまで綿密に計画を立てました。特に、この慣らし保育期間は4月の多忙な期間と重なりますので、校務分掌やお互いの仕事内容の確認をし、何とか乗り切りました。

僕は幸い両親の実家が近かったこともあり、力を借りた日もありました。育休復帰後の家事育児は、平等になるように役割分担をしたつもりでしたが、〝母親〟の存在はやはり子どもにとって大きいようで、どうしても育児に関しては、妻の方が絶対量が多くなってしまいます。見えていない育児や家事は数え切れません。自分が育児に携わっていることを再認識することが、入園前の大事な心構えなのだと思います。

（佐賀井）

第2章

7

保育園入園後はどう変わってきますか？また、妻が育休復帰後の役割分担は？

ダイナミックな遊びもできて友達と遊ぶことも増えてきます。

保育園入園後、子どもたちは保育園を目一杯楽しんでくれて、不登校（不登園？）になることもありませんでした（私の母がその保育園で園長をしているという少し特殊な環境でしたが）。年長になると、土日に公園などに行っても友達を求めるようになりました。パパやママと遊ぶのももちろん楽しそうですが、保育園の友達と遊ぶことも増えてきます。休みの日は妻がママ友と連絡を取り合い、一緒に公園に行って遊ぶことが多いです。少しずつ体も大きくなってきてダイナミックな遊びもできるようになってきます。

また保育園との「連絡帳」は大切です。通っていた保育園の担任の先生は、「○○ができるようになりました！」とか「今日は、○○ちゃんとパズルをしていました！」などと毎日の様子を書いてくれます。連絡帳を読むのが楽しみで、書けるときは妻と一緒に返事を書き、保育園とやりとりしながら、子どもの成長を見守っています。

（江澤）

子どもが保育園入園くらいの年齢になると、活動の幅がぐっと広がります。文字に興味をもったり、自転車に乗れるようになったり、家でのお手伝いをしたがるようになったりします。兄弟がいれば、一緒にごっこ遊びをして遊んでいます。パパは、子どもができるようになってきたことを一緒に楽しめるような存在でありたいなと思っています。私は、保育園で習ってきた歌を教えてもらって一緒におちゃらけてみたり、絵本を読んでゲラゲラ笑ったりしています。tupera tupera（つぺらつぺら）さんの本は僕も子どもも大好きです。一緒になって心から笑い合えるのはある種、パパの特権ではないかなと勝手に思っています（笑いすぎて、口から飲み物を一緒に噴き出したときには、妻は目を細めていました）。

保育園入学後のこの時期、決して他の子と比べることなく、できるようになってきたことを一緒に楽しむことが、一生の思い出になるはずです。

（森）

絵本を読んでゲラゲラ笑ったり
一緒に遊びを楽しんでいます。

保護者としての当事者意識をもち
保育園の先生から学んでいます。

学校でもっとも気をつかう仕事の一つが保護者対応ではないでしょうか。子どもが保育園に入園後、僕はその〝保護者〟になりました。まずは心構えとして、「保護者と先生が一緒に子どもの成長に携わっている」という当事者意識をもつことが重要だと考えています。保育園に送って終わりではなく、園でどのような活動をしていてどんな成長があったかを、随時確認するようにしています。連絡帳の娘の行動観察のコメントは読んでいて嬉しいですし、それを踏まえて家でも娘と関わるようにしています。

園の先生に感謝すると同時に、僕は「自分は授業や学級で子どもたちにどんな言葉をかけているのだろうか」「温かい〝虫の目〟をもっているだろうか」と振り返りました。〝保護者〟として園から学ぶことが仕事にも活きています。このような「当事者意識」や、「子どもと関わる他の大人から学ばせてもらう気持ち」を大切にしていきたいです。

（佐賀井）

第2章

8

男性でも時短勤務ができると聞いたのですが。

妻や教頭先生と相談して「育児時間」を所得しています。

いまは様々な休暇・休業制度が存在しています。各家庭環境に合わせてどの制度を利用するか、夫婦で話し合うことはとても大切なことです。出産近くに教頭先生から制度の説明を丁寧に受けました。僕は妻の実家が近いため協力が得やすいこと、家計の問題等を踏まえ、「育児時間」を取得することにしました。「育児時間」とは1日2回、1日を通じて90分を超えない範囲で休暇を取得できる制度で、給料にも影響は出ません。僕は朝30分、放課後45分の時間帯で取得しました。

取得するに当たって、担任クラスの朝の会や放課後活動等を同じ学年団の先生方にお願いすることになりましたが、「大丈夫だから、家族のためにできることをしてあげなさい」と、学年主任からありがたい言葉をいただきました。また、パパ先生が育児時間等を取得することは、職場の後輩にもその姿を見せることにつながり、育児に理解がある職場の雰囲気が醸成されることにつながると考えます。

（佐賀井）

「育児部分休業」という制度を使って勤務しています。小学校就学に達するまでの子どもをもつ先生であれば、男女を問わず、2時間を超えない範囲内で勤務しないことを請求することができる制度です。時短勤務と異なり、時間設定の裁量があり、いまの自分の家庭・勤務実態に合っていると考え、この制度を利用しました。その他、四人目のときには、2回の育児休業も取らせていただきました。

このような制度は、「知る」こと、「利用する」ことの二つが大切です。育児部分休業や時短勤務以外にも、フレックスタイム、育児休業、産前産後特別休暇等、パパ先生にとってありがたい福利厚生制度があります。各県の福利についてはネット上で調べられるものも多いです。福利制度を知ることは、自分だけでなく、家族や職場の仲間のより良い生活につながります。

制度を実際に「利用する」ことが大切です。制度があっても、利用することが憚れることが往々にしてあります。「男性

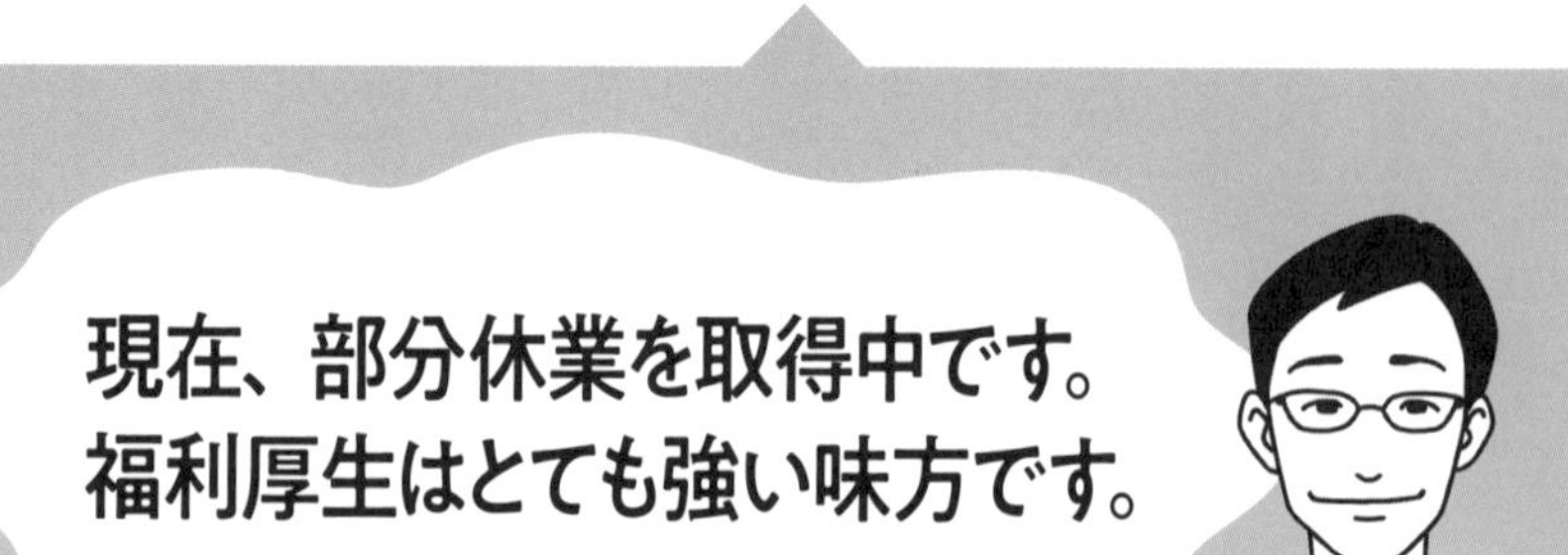
現在、部分休業を取得中です。
福利厚生はとても強い味方です。

の育休なんてほとんどいない」「そもそも学校に人が足りていない」といった具体に、制度と実態が一致していないことがあるのです。私も、このような学校現場の苦しい実態は痛々しいほどよくわかっているつもりで、四人目の子どもの出産で、やっと利用することができたました。三人目の出産まで、仕事の時短勤務のコツや福利厚生制度を知らず、なかなか実際に利用することができませんでした。

こういった福利厚生制度は、これまでの労使交渉等、たくさんの方々の思いによって成り立ってきた「強い味方」です。短期的・局地的に見れば、学校の苦しい事情があるかもしれませんが、長期的・巨視的にみれば、男性の育休は多くのメリットを生み出します。男性の育児休業、部分休業が当たり前な世の中になってほしいと願っています。ぜひいろいろな制度を知り、家庭とよく相談し、いまのご自身にあった制度を積極的に利用してみてください。

（森）

COLUMN 01

育児がこんなに大変なものだとは思いませんでした

育児が大変でへこたれていると、周りから「いまだけよ、大変なのは。大きくなったら相手にもしてくれないから」とよく言われました。いやいや、いつか落ち着くと信じながらも大変さは全く変わらない気がしています。ただ、育児のつらさを感じている先生方、こう考えてみてください。母にしがみついてすやすやと眠る娘の寝顔、小学校や学童でのことを我先にと私に伝えてくれる夕食中の風景、匂いは20年後に絶対に感じられません。

仕事は確かにとても大変です。ただ、あなたの「代わり」は間違いなくいます（私にも）。しかしわが子にとってお父さんの代わりはいません。三人の子育てどっぷりの私には、「パパ先生」なりの苦労がわかります。あなたのことを誰もほめてくれなくても、私はほめます。「パパ」で「先生」というだけで本当に頑張っていると思います。素敵です。子育ては大変ですが20年後に後悔しないよう、明日も共に子育てを楽しみましょう。

（江澤）

第3章

働き方の変化

第3章

9

パパ先生になったら、教師の仕事の仕方を変えなければならないのでしょうか。

教師の仕事の大半は授業。授業法を大きく変えました。

長

時間の教材研究が難しくなったので、授業を工夫し始めました。例えば、1時間の授業でしか使わないようなワークシートは作りません。数時間にわたって使えたり、学期中ずっと使えるようなシートを作ったりして、時短しています。また、授業で教えることも精選（その代わり完全習得）し、生徒たちが身につくような工夫をしています。

学校で過ごす時間の大半が授業の時間である以上、授業を工夫してその周りの仕事を時短・見直すことができれば、仕事の改善効果は大きいと思います。私は今年度から授業法を一気に変え、「教えない英語授業」を始めました。授業中、生徒たち一人ひとりが英語のトレーニング方法を考え、パフォーマンスを記録します。「教えない」というと、時間がかかる実践のように思いますが、このやり方をし始めて、私の役割がティーチングからコーチングに変わり、授業準備の負担は大きく減りました。

（江澤）

パパ先生になって、仕事の改善として強く意識したのは、「エビデンスに基づく教育」です。エビデンスとは「科学的根拠」という意味で、そのエビデンスを参考にして教育実践を行っていこうとする取組みです。

エビデンスに基づく教育は、「時間やマンパワーなどは、有限であり、限られた条件の中で、より質の高い教育を目指す」という考えが土台にあります。忙しいパパ先生はもちろん、学校全体としても大切な考え方だと思っています。具体的な内容については、拙著『学校の時間対効果を見直す！―エビデンスで効果が上がる16の教育事例―』（学事出版）で紹介されています。「時間や労力をかけているわりに、そんなに効果があるのか？」と疑問に思う方はぜひ手に取ってみてください。宣伝でした！

（森）

エビデンス（科学的根拠）に基づいた考え方で日々仕事を見直しています。

仕事の割合は6～7割。長い教師生活の中で見直しを。

ある木こりが、木を切っています。通りかかった旅人がその様子を見ていますが、斧を勢いよく振ってもあまり切れません。見かねた旅人は「刃がぼろぼろだよ！　なぜ刃を研いで効率を上げないの？」と言いました。すると、木こりはこう言いました。「分かっているけど刃を研ぐ暇なんてないよ！」（スティーブン・R・コヴィー『7つの習慣』）

僕は教職4年目くらいから10割で仕事をすることをやめました。手抜きではありません。全力で仕事をしてヘトヘトで家に帰り、次の日もまた仕事へ。疲れすぎて、自分の子どもの相手もできない日々……。これでは間違いなく、この話の〝木こり〟と同じようになってしまいます。僕は6～7割で仕事をし、残りの3～4割を家事・育児、力量形成の時間に当てています。パパ先生に限らず長い教師生活の中で働き方を見直し、学び続けられるスタイルに変えていくことをおすすめします。

（佐賀井）

第3章

10

仕事を時短するには、どんな工夫がありますか。

ICT機器はあなたの心強い味方になります。

この10年で仕事が増えたことは間違いありません。しかし技術の進歩で、便利なツールも増えてきました。私は、それらを活用してできるだけ時間を生み出したり、時短したりしたいと思っています。例えば、「GoogleForms」を使えば紙でアンケートをして入力し、集計していた一連の作業が一瞬で終わります（しかも自動的に）。また、教育用掲示板「Padlet」や「Skymenu」をはじめとする教育プラットフォームを使えば、簡単に子どもの感想を交流させることができます。生み出した時間で、先生自身の好きなことをして子どもたちに還元していけば教育の循環はより良くなると考えています。

一方で、職員会議の提案文書や校務に関する各種文書、名簿など学校の多くのメディアはまだまだ「紙」です。しかしこれらも、スキャナーやタブレットを駆使すれば、個々人でできる工夫もたくさんあります。便利なツールを効果的に使いながら、楽しい教師生活にしていきましょう。

（江澤）

「教育ニーズにしっかり答える」ことが本当の時短の工夫だと思っています。「教育ニーズに答える」とは、教育活動のねらいを明確にすることや、誰の何のために、どんな仕事をどの程度行うのかを見直すことです。例えば、提出すべき書類は、実はそこまでの丁寧さを求められていないのかもしれません。一生懸命やっている行事の準備は、ねらいとずれていて教師が手をかける割には子どもたちに十分な力をつけるものではなくなってしまっているかもしれません。自分で思っていることと教育ニーズが異なることがあるのです。

「重要度を見極める」と言い換えることもできます。教師の仕事はいろいろな価値観の上に成り立っているので、それらを総合的に鑑みて、具体的なスケジュールにタスクを落とし込んでいきます。3か月~半年先を考えながら仕事をすると、大局的な視点で仕事に取り組むことができます。

（森）

重要度を見極め、教育ニーズに応えることこそが時短。

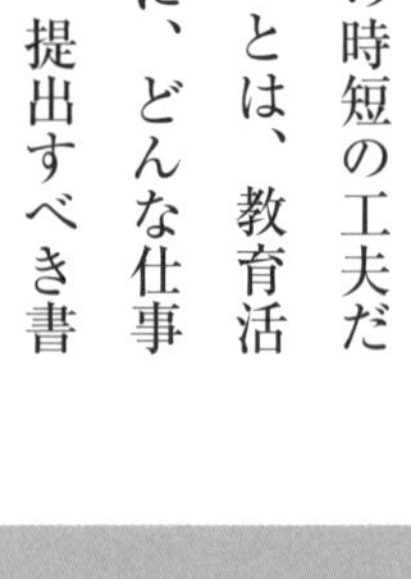

手帳を活用して、仕事の所要時間や終了予定時間を記入しています。

「やり方の前に在り方を」という言葉があります。時短の工夫を考える前に何のために時短したいのかを考えてみます。すると、「家庭生活の充実」、「幸せ」などというキーワードが見えてくるのではないでしょうか。

僕からは時短の工夫の一つとして手帳の利用を挙げます。例えば、あなたが日々の点検にかかる時間は何分でしょうか。1クラス分の印刷にかかる時間は何分でしょうか。空き時間は何をしていましたか。

僕は「スクールプランニングノート」という手帳を利用しているのですが、そこにほとんど仕事の所要時間や終了予定時間を記入しています。時短のためには、まず、自分がその仕事にどのくらいの時間がかかっているのかを知ることが重要だと考えます。生徒たちに振り返りを記述させるように、僕たち教師も時短に焦点化した振り返りを日々行い、次の日への改善のポイントを見つけていきたいところです。

（佐賀井）

第3章

11

子どもの急な発熱などにそなえて、どんな対策をしたら良いですか。

運動が大好きなせいか急に熱を出したことがありません。

ありがたいことに、私の子どもたちはあまり急に発熱することがありませんでした（まだ下の子は4歳ですが）。小学生の子ども二人に関しては、保育園も皆勤でしたし、わんぱくで子どもらしく毎日元気に遊びまわっていて、夜、布団に入るまでに「体力が0になること」を目指しているように過ごしています。遊んでいるおかげで体力があるのか、急に発熱することがなく、その点に関しては困ることはあまりありませんでした。

運動が大好きなこともその理由かもしれませんが、一つ考えられるのが食後のフルーツです。私の子どもたちはほぼ毎食（夕食は必ず）、「デザート（という名のフルーツ）」を食べています。長男は以前まで毎回バナナを1本、次男も何らかのフルーツを食べています。これが病気の予防として最適かどうかはわかりませんが、子どもたちを見ていると、「運動」と「食」で病気を予防していることは間違いなさそうです。

（江澤）

発熱にそなえて、こころがけていることは二つです。「事前準備」と「ヘルプ」です。「事前準備」とは、例えば、急に自習にしても、児童が自分たちで進めていけるような補充プリントやウェブ学習教材、自作のＶＴＲ教材などをあらかじめ準備しておくことです。このようにして、補充に入っていただけるよう同僚の先生にお願いするときに、できるだけその先生に負担がかからないようにしておきます。

自分が学校を離れられないときには、様々な方に「ヘルプ」をお願いします。まず、祖父母に連絡を取って、家族内シフトを組みます。行政のお預かりサービスや、市町村のファミリーサポートの利用も考えます。いずれにしろ、急な発熱には、どうしても他の方の力をお借りすることになるので、素直に助けていただきます。常々、「私、いつでも補充に入るから遠慮なく言ってね」と言ってくださる同僚には足を向けて眠れません。（森）

プリントなどで事前準備しつつ
素直にヘルプを頼みます。

夫婦で仕事の状況を先まで共有し、いざというときにそなえています。

「いや、もうちょっと具合悪い素振り見せろよ（笑）」それが自分の子どもが初めて発熱したときの心の中の第一声でした。不思議なもので、38度超えの発熱をしているのに、元気いっぱいな様子を見せます。僕の妻も中学校の教員ですから「熱出たけどお迎え行けそう？」「明日の空き時間どうなってる？」といった会話を行い分担します。家のカレンダーにはお互いの学校の仕事、プライベートの用事、その月の土日の部活の予定等も記入してあるので、情報共有がいつでもできます。子どもができたら、夫婦で仕事の状況を先まで共有することが大切です。

　また、どうしても授業を自習にしなければいけないこともあります。そのときに「ワーク（副教材）でもやってて」と生徒に丸投げしないように「副教材の学び方」を4月のうちに指導しておくようにしています。自習の在り方次第では生徒の学び直しの機会となり得るので、お勧めします。

（佐賀井）

第3章

12

先生の残業をなくすためには、学校としてどんなことが必要でしょうか。

勤務時間外には疑問を呈して全職員の意識を高めましょう。

学校全体として、この数年で働き方への意識は高まってきたように思います。しかし、「早く帰ろう」と思うだけでは仕事は残るので、やはり仕事へのマインドや方法を変える必要があります。

学校全体のマインドを変えたり注意を喚起したりできる場の一つは、職員会議だと思います。例えば、職員会議の提案文書に勤務時間外の勤務が書かれていたら、やはり疑問を呈していくべきだと思いますし（勤務時間外は職務命令を出せないという法的な部分も勉強する必要がありそうです）、ＩＣＴで工夫できるようなことがあれば、学校全体でも共有していくべきだと思います。また、私の勤務している学校では、職員の机のアクリル板に「何時に帰るかカード」を掲げています。今日は何時まで仕事をするのか明確にし、デッドラインを決めて仕事をするよう全職員が意識するようにしています。

（江澤）

パ

パ先生個人だけではなく、学校組織として、「リスクマネジメント」ができているかどうかが重要です。「リスクマネジメント」とは、事件事故、災害など不慮の出来事が起こったときの備えです。この「リスクマネジメント」は、残業しないための工夫に応用することができます。例えば、何かの理由で職員が急に休んだことで、学校がにっちもさっちも行かなくなってしまったとしたら、リスクマネジメントができていない証拠です。これは、組織として、マンパワーを使い切っていることが常態化しているからです。

どの学校でも、リスクはつきものです。その際に、職員の欠員を含めた日常に潜むリスクに対して、組織として準備しておくことで、みんなで行う働き方改革ができます。特に学校経営層は、オーバーカリキュラム等を意識して、善意ある職員たちが気合と根性で常にフルパワー以上の状態で仕事していることを美徳としていないようにしていただきたいです。

（森）

気合と根性を美徳にせずにマンパワーにゆとりをもつことです。

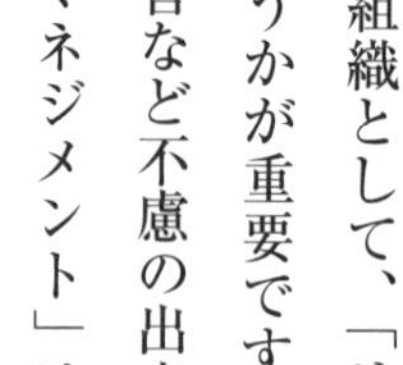

違和感をもったら話せるような風通しの良い雰囲気をつくりたいです。

勤務時間が8時20分から16時50分までのある学校の打合せでの出来事です。「先日の漢字テストの再テスト、該当生徒は7時50分から学習室で受けさせるで良いですね」「生徒会のメンバー、今日は18時まで残してやりましょう」。こういった何気ない打合せに違和感を感じることができる集団かどうかが僕は大事だと考えます。「えっ？ だって、職員は7時30分くらいに学校に着くからいいでしょ？」という感覚を見直すことが、学校として残業を減らす第一歩です。

「ここはおかしいよね？」と風通し良く話ができる雰囲気が何よりも必要です。しかし、そのような雰囲気は最初からあるわけではありません。皆でつくっていくことが大切だと思います。違和感をもったら主任や管理職に伝え、学校として一つひとつ見直していくことが、残業を減らすことにつながります。

（佐賀井）

第3章

13

仕事の時間が限られ、いままでのように学級経営ができるか不安があります。

精選できることはしながら教育効果を下げない工夫をしています。

パ先生になって、「やらないこと」や「減らすこと」も考えるようになりました。学年や学校で決まったことは当然全力で活動にあたりますが、自分の仕事の中で精選できることはしています。例えば、提出物のチェック。これまで名簿に一人ひとりチェックをしていましたが、背表紙に丸シールを貼りチェックしていく方法に簡素化しました（下のＱＲコードから動画が観られます）。

また、ＩＣＴの活用もしています。道徳で生徒が授業の最後に感想を書く時間があります。その作業も簡素化して、タブレット上で行うことにしています。教育用掲示板「Padlet」を使い、生徒は掲示板に感想を書いていきます。それらはリアルタイムで更新され、お互いにコメントし合えるので、とても好評です。このように、ＩＣＴ機器を使って担任業務を減らしていきながら、それでも教育効果を期待できるような仕事の仕方が理想だと思っています。

（江澤）

学級担任をしていた過去を振り返ると、「学級管理」になってしまっていたなと、改めて反省します。いまでは、担任する児童には、自分たちでできることはできる限り自分たちで取り組ませるようにしています。問題や課題を自分たちで工夫して解決していこうとする力を高めようとしています。教師がすべきことはもちろんありますが、多くの教師が思っている以上に、児童に任せたほうが「学級経営」になります。

例えば、宿泊研修では、担当となった係活動を自分たちですべて企画準備したり、学級や学年の目標を話し合って自主的に振り返ったりすることです。リーダー児童を中心とした自主的・主体的な学級になります。教師がやってしまった方が見栄えが良いこともあるかもしれませんが、見栄えではなく、学級全体を高めることを意識すると、児童にとってもパパ先生にとっても、担任業務はずっと楽しくなります。

（森）

できるだけ子どもたちに任せて自主的・主体的な学級を目指しています。

担任が気配を消しても成り立つような「良い集団」づくりに努めています。

初任の頃から、「良い集団」を創りたいと考えていました。僕が考える「良い集団」とは、何か問題が起きたとき、生徒たちで課題を焦点化し、対話を重ねながら解決できる集団のことです。それができるようになるために、生徒たちに「任せる」ための環境づくりに努めています。

この考え方はいまでも変わっていませんが、娘ができてからは担任業務に注ぐ時間が短くなったため、究極的には担任が気配を消しても成り立つ学級を目指しています。あくまでも〝気配を消す〟です。担任が〝いない〟状態ではありません。この「任せる」という言葉は聞こえが良く、「放任」と勘違いされます。両者の違いは「目的」「目標」を共有しているかどうかです。僕は、4月の出会いの際、生徒たちとこの2点だけは念入りに共有するようにしています。生徒たちに「任せる」ということを本気で実践すること、これは業務の効率化にもつながることを信じて疑いません。

（佐賀井）

第3章

14

校務分掌の仕事で、パパ先生が工夫できることはあるのでしょうか。

会議をスリム化したり効率的な方法を提案したりしています。

勤務している自治体では、校務分掌の希望は聞いてもらえますが、どの分掌を担当するかは校長が決めることなので、何の担当になっても全力で行っています。学校の教員の仕事はとてもクリエイティブで、自分の裁量で変えられることはとても多いと思います。担当している仕事の会議をスリム化したり、不要だと思うところを周りの先生と相談しながら効率的なものに変えたりすることは、意外と簡単にできるものです。

最近は、息子たちが少し大きくなってきて、私がしている仕事もわかるようになってきました。そこで、私がワクワクしながら仕事をしていることや、いまどんな仕事をしているのかを話すようにしています。自分の父親が社会でどういう仕事しているのか、どんな思いで仕事に向き合っているのかを伝えるのも、親としての責任ではないかと思っています。

（江澤）

経験を重ねてくると、責任ある校務分掌を任されることが多くなってきます。子育ての時期とも重なることが多く、校務分掌を受け持つことに負担を感じる方は多いと思います。自分も実際に、経験を重ねるごとに、たくさんの校務分掌を受け持つようになりました。増えつづける校務分掌でも、私は「まあ、人生なんとかなるさ」と気楽に考えてきましたが、いまは、パパ先生が管理職に校務分掌の配慮をお願いすることは、必要なことだと思っています。

その上で、任された校務分掌については、仕事の進め方を見直すチャンスと捉えています。責任ある校務分掌は一定の裁量の余地があるため、仕事を減らしたり、やり方を大きく変えたりすることもできます。「0→1よりも、0→1が大事」「脱○○」「見直す勇気」そんな意識を大事にしています。

（森）

責任ある校務分掌を任されたら見直しのチャンスです。

仕事を細かく書き出して実行し次に活かせるようにしています。

教職3年目。中学3年生を送り出し、初めての1年生担任でした。加えて、研究主任、生徒会、そして時間割作成担当など様々な仕事が重なりました。

「時短の工夫」（67ページ）でも述べた通り、やはり「スクールプランニングノート」が頼りになりました。ノートに進行中の大きな仕事、それに伴って出てくる小さな仕事を全て書き出します。例えば、5月の職員会議で学校研究基本方針を提案するという大きな仕事がある場合、それに付随して前年度からの引き継ぎ内容の確認、研究推進委員会の設定、資料準備や印刷などの小さな仕事があります。洗いざらい書き出して実行していくことで、どのくらいの仕事があったかが明確になるため、来年度以降や別内容の提案の際も役立ちます。

パパ先生には自転車操業で終わらず、次に活かせる持続可能な働き方をおすすめします。

（佐賀井）

第3章

15

土日に部活動の指導があります。子育てと両立するにはどうしたら良いのでしょうか。

部活動は大好きですがいまは負担の少ない副顧問をしています。

結

婚前、私は部活動にのめり込んでいました。朝練から放課後、そのあと夜練にも参加させ、部活動が大好きでした（いまでも、部活動という教育活動は大好きです）。土日も活動することが多く、部活の活動時間だけで過労死ラインを超えていました。

しかし、子どもが産まれてから、考えが変わっていきました。効果的な練習に重きを置き、短時間で効率の上がる方法に切り替えていきました。現在は、管理職と相談して、副顧問をしています。顧問の先生が都合が悪いときに、代わりに指導にあたります。幸運にも顧問の先生とは旧知の中で、気を使い合うこともなく指導しています。拘束時間の長くなりがちな部活動に関しては、自分の考えやスタンスを明確に周りに伝えることが大切です。部活動によって長時間の拘束を強いられている（感覚でいる）のなら、管理職に伝えるべきでしょう。

（江澤）

部活動は、今後、社会体育へ移行する流れです。社会体育への移行を見据え、いま、自分でできることに取り組んでいます。

まず、男女別にある部活動では、担当を共有できるようにしました。また、地元のスポーツ団体と連絡を取り、その団体主催での練習会を企画し、生徒には積極的にそちらへの参加を促しました。いずれも、もっと練習したいという生徒や保護者のニーズに応えることができましたし、パパ先生としても家庭の時間を確保することができました。

普段の練習でも、生徒には、短い時間の中で自分たちで工夫して取り組んでいくことの必要性を指導してきました。また、部活動だけでなく、生涯にわたる豊かな時間としてのスポーツの学びや、健康を楽しむ姿勢を意識して指導してきました。

（森）

今後を見据えて地元の団体と連携するようにしています。

保護者会主体のクラブ活動にしたり大人同士で対話しています。

部活動の地域移行の流れが進み、クラブ化に向けて各学校が取り組みを進めています。その中で僕は、前任校では保護者会長とコーチとの連携を密に取り、当事者意識をもてる組織づくりに努めてきました。

具体的には、主要大会の前の土日練習のどちらか一方は完全に保護者会主体のクラブ活動としたり、平日は教員が17時45分まで部活動として指導し、それ以降はクラブ活動とする体制を敷きました。こうすることで、教員の負担軽減につながりましたし、保護者からも「平日の生徒たちの頑張る姿を見ることができて楽しい」といった声をいただきました。また、指導の際のチーム方針等をコーチと綿密に話し合い、生徒たちから「指導の仕方が異なる」といった状況を無くしました。このシステムを構築するまで、生徒たちの成長を願いながら、大人同士で対話を重ねました。その結果として、良いチーム運営ができていることは本当にありがたく感じています。

（佐賀井）

第3章

16

パパ先生になって、保護者や地域の方との関わり方は変わりましたか。

これまで以上に保護者をリスペクトするようになりました。

自分に子どもができて、子育ての大変さ（と楽しさ）を知ると、担当している学級の保護者への考えが変わりました。子育てをしていると、うまくいかないことやイライラすることも多いです。その中で、10年以上も子育てをしてきた生徒たちの保護者には、これまで以上にリスペクトを感じるようになったのです。

よく「生徒たちの後ろには保護者の存在がある」と言われます。しかし私はそうではなく、「生徒たちのこれまでの歴史そのものの後ろに保護者が常にいた」、と考えます。中1なら13年間、中3なら15年間、ずっと保護者の存在があってこその生徒たちなのです。私自身がわが子を大切に思っているのと同様（それ以上の期間）、保護者の方々も自分の子ども（すなわち中学生）のことを思っています。そんな思いをもって、担当している生徒たちと丁寧に関わろうと毎日思っています。

（江澤）

教務主任となって、勤務校の地域の方々やPTAの方々と仕事をすることが多くなりました。「子どもたちは地域の宝」のスローガンのもと、笑顔で学校の教育活動にご尽力いただいた自治会長さんがある会議の場で話された言葉が忘れられません。

振り返ると、これまで私が務めてきた、いわゆる地方の学校には、そういった地域の子どもたちへの愛情が溢れていました。登下校の安全パトロールやクラブ活動、学習支援、花壇などの環境整備支援など、多岐にわたる教育活動の土台となっていました。そういったたくさんの方の子どもたちへの愛情を感じる度に、地方の教師の楽しさ、素晴らしさを感じています。「みんなで子どもたちを育てていく」という教育観、地元愛による「わが村学校」の教育観には、教育の本質や人の優しさを感じます。パパ先生として、地方の教師の魅力が広がっていくと嬉しいです。

（森）

地域の方々の愛情を感じる度に、教師の楽しさを感じます。

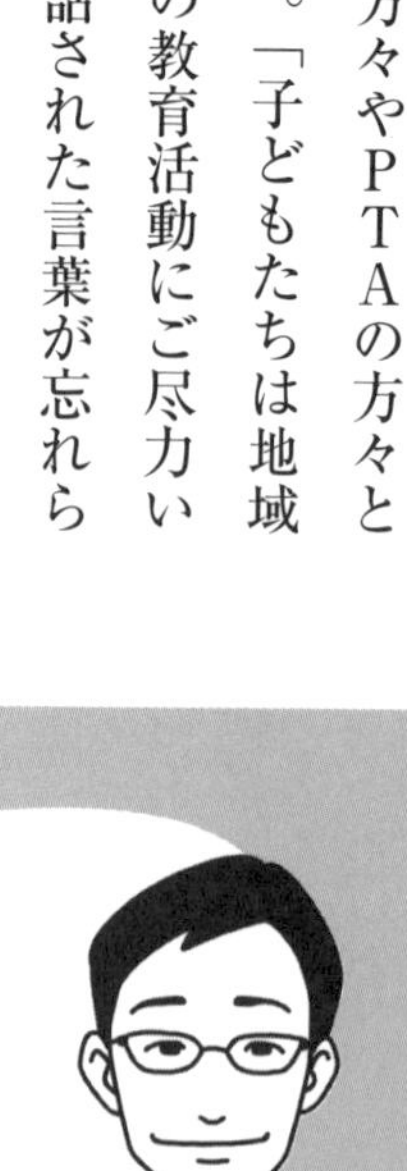

保護者は人生の先輩。学びながら一緒に成長したいです。

中

学校3年生の担任は、生徒と保護者と担任の三人で進路に関わる三者面談を行います。子どもがまだいないときはただ一方的に進路に関わる情報を伝えるのみだったかもしれません。しかし、子どもができてからの面談は全く違い、お会いする保護者への敬意と、大切なお子様を預かっているんだという責任感をより強く感じたことを覚えています。

目の前にしている中学生には、お家の方々と歩んできたそれぞれの家庭の十数年間があります。現状、子どもと上手くやれている家庭もあれば、反抗期で頭を悩ませてる家庭もあるかもしれません。そういった背景も想像しながら生徒と接し、保護者と一緒に成長できる教師生活でありたいものです。自分に子どもができたことによって、新しい〝メガネ〟で保護者を見ることができ、教師としての「見方・考え方」が拡がったと感じます。人生の先輩から学ぶ謙虚な姿勢をもち続けたいです。

（佐賀井）

第3章

17

パパ先生になって、同僚に迷惑をかけないか心配です。

普段からいざというときのために「ギブ&ギブ」の精神で。

パ

パ先生として、同僚とのコミュニケーションで心がけていることは「ギブ&ギブ」です。私のわかることであれば、何でも相談に乗りますし、仕事の仕方でシェアできることがあれば出し惜しみせずにシェアしています。最近は、ICTに関する質問を職員室で受けることが多く、その方法を教える機会が増えてきました。「ギブ&ギブ」をしておくと、自分の子どもの体調不良（幸運にも呼び出されることは少ないですが）や学校行事で学校を空けるときに、同僚とのコミュニケーションが取りやすくなると感じます。

決して、「○○をしたんだから、これをしてください」というような感覚ではなく、普段から休みをお互いに取りやすくなるためにも、また同僚とのコミュニケーションをする意味でも普段からギブすることを心がけています。

（江澤）

同じ学校の教師間でも、「若手ーベテラン」「低学年経験の多い先生ー高学年経験の多い先生」「管理職ー教諭」といった様々な立場の違いがあります。その中でのコミュニケーションの難しさは言うまでもありません。そのような中で、私が特に気に入って使っている言葉が、「調整」です。例えば、Aという意見と、Bという意見があった場合、新たにCという意見はないかなど、二項対立以外で考えるようにしています。具体的には、何かの教育活動を職員会議で検討する際には、「ねらいは？」「子どもの実態は？」「エビデンスは？」の三つの視点のバランスを調整して考えるようにしています。

　このような調整は、家庭と仕事のバランスを考えるときにも役立ちます。「○○すべき、○○ねばならない」と考えるよりも、いろいろな違いがあることを前提に、「しなやかに、さわやかに」物事を「調整」することが同僚とのコミュニケーションで大事だと思うようになりました。

（森）

しなやかに、さわやかに調整することを心がけています。

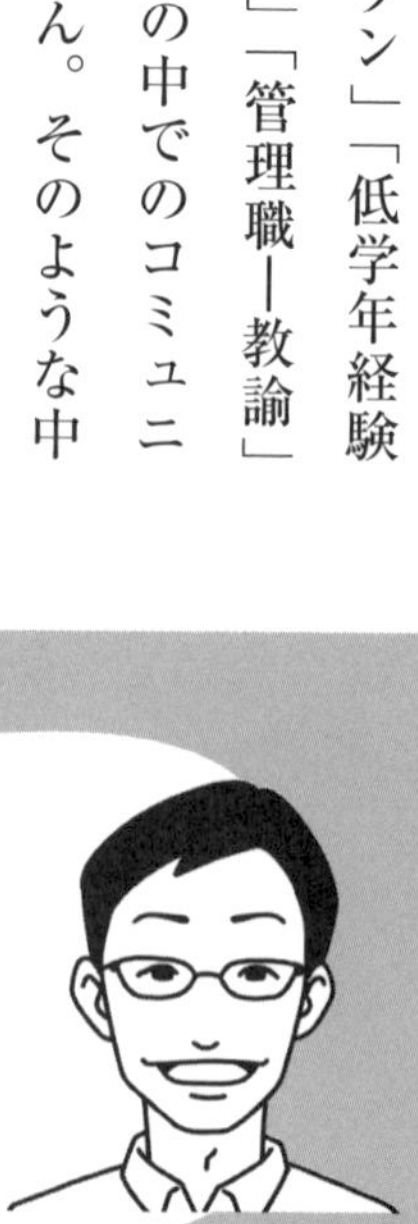

配慮していただく分、全力で応えるようにしています。

「佐賀井先生の机の上、いつでもきれいだよね」同僚の先生方からこんな言葉をいただくことがあります。僕はデスク周りには物を意図的に配置していて、デスク上に何もない状態で退勤します。そして、急な生徒指導や保護者対応がない限り、部活動指導の後に職員室に戻ることはありません。要するに、机上で〝早く帰るキャラ〟を演出しているのです。

こういった演出をしているので、同僚からの相談は基本的には朝、空き時間、そして帰りの会から部活動指導に行くまでのわずかな時間に受けるようになります。また、学年主任や同じ学年団の先生方からも小さな子どもがいることで様々な〝配慮〟をしていただいています。このように〝配慮〟していただいた分、全力で仕事に取り組み、受けた相談については全力で応えるようにしています。限られた時間内でも、同僚との雑談は大切にしています。

（佐賀井）

第3章

18

パパ先生になって、管理職との関わり方は変わりましたか。

家庭の情報に限らず情報共有は密にしています。

管理職は全ての教職員をまとめていく立場にあります。「こんな些細なことを伝えてもいいのだろうか……」と躊躇せず、どんどん思いを伝えたほうがいいと思います。むしろ、管理職からすると、「知らなかった」という状況が最も悪手です。学年主任を通して伝えることも可能なので、家庭の事情に限らず情報共有は密にしておくとよいでしょう。

以前、面談で、ある教頭先生がこうおっしゃっていました。「教諭から教頭になり、先生方と情報交換する機会がほぼなくなってしまった。先生方をまとめる立場にあるのに、先生方が何を考えて仕事をしているのかわからない」と。もはや、夜遅くまで残って仕事をしている先生＝熱心で有能な先生という図式はありません。その意味でも、管理職に自分の家庭状況や仕事への考え方をしっかりと伝えましょう。それが、あなた自身、そしてあなたの家族を守ることにつながります。

（江澤）

りがたいことに、私はこれまで素晴らしい管理職に恵まれてきました。「早く帰る人は仕事ができる人」と管理職から職員に語っていただいたり、「いま、子育てに向き合える大切な時期だからご家庭を大切にしてね」と声をかけていただいたりしました。

全てはそんな管理職の人柄によるところですが、コミュニケーションで心がけたことは、「自分から話をする」ことです。学級の児童・生徒の様子や自分の家庭のこと、雑談等、いろいろなことを常日頃から話してきました。仕事以外の話もできると、育児に関わる話もうまくできるように思います。２０２２年の法律改正で、管理職から育休申請について必ず声をかけられるようになりました。育休・部分休を考えている方は、育児について、どんな生活をしていきたいのか、管理職に理解いただいていると、様々な制度の利用についてもスムーズになります。

（森）

「自分から話をする」ことを心がけ、常日頃から仕事以外の話もします。

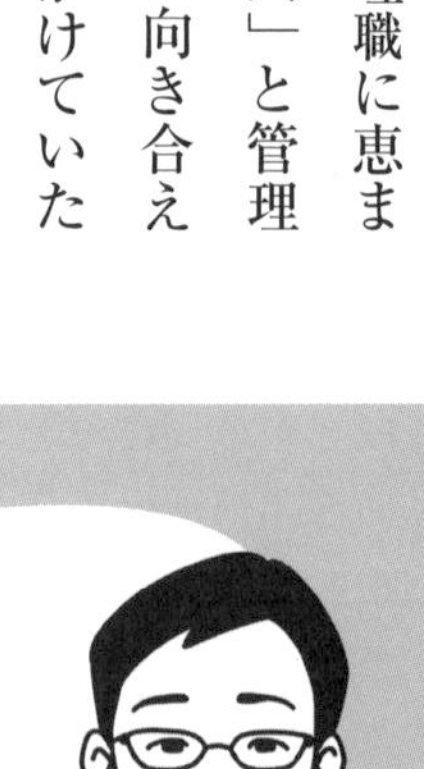

打ち合わせや雑談のときに家庭状況を話すようにしています。

僕は教職3年目から4年間、学校研究主任を務めていました。学校研究とは学校教育目標の具現化のために行われます。学校教育目標に関わることですから、4月のはじめに管理職と研究の方針を共有する時間を取っていました。その時に、必ず雑談もはさむようにしていました。雑談の中で、自分の家庭状況のことも話していたことが結果として、〝配慮〟してもらいやすい状況をつくっていたと思います。

忘れられないエピソードがあります。一人目の出産前、予定日から遅れて入院するとき、妻から「すぐには生まれないから仕事の様子を見に行ってもいいよ」と言われて教頭に電話をしました。すると教頭から「そんなに急いでしなければならない仕事なのか。先生のいまの仕事は、ずっと奥さんの側に居てあげることだよ」と言われました。人生の先輩として最大限の〝配慮〟をいただいたこと、本当にありがたく思った言葉です。

（佐賀井）

第3章

19

子どもができると書類が増えて、事務職員さんに手間をかけることが多くなりそうです。

普段からコミュニケーションを取り困ったときは助けてもらいます。

事務の先生とのコミュニケーションはとても大切にしています。出張や備品の管理、給与のことなど私たちにはできないことを本当に細かくしかもミスなく仕事をしてくださいます。

仕事をしていて一つ、自分の中でルールを決めています。それは、「事務の先生からの仕事は優先順位を上げる」ということです。事務の先生からの仕事は、出張の入力など職員全員の書類が揃わないと進められないものばかりです。自分の提出が遅れると、学校全体の仕事が遅れるということです。また普段からコミュニケーションを取っておき、家庭のことで何か困ったときに何かと助けてもらえるようにしておくのも大切だと思います。

（江澤）

四人の出産に関わる事務職員さんとのコミュニケーションを振り返ってみると、出産のこと以外でも、よくプライベートの話をさせていただいたなと思います。家族の話はもちろん、趣味や雑談をたくさんしてきました。意識して増やしたわけではなく、単純に会話が楽しいことが多いのです。そんなプライベートの話を多くしていたこともあり、出産や育休の事務手続きもスムーズにできました。

事務職員さんは、正直、私と関わることで、出産・育休などに関する事務負担が増えます。しかし、これまでの事務職員さんは、出産後の妻の体調や子どもたちの様子を気づかってくださいました。事務職員さんとのプライベートの話は、パパ先生にとって、子育ての大きな励みとなるはずです。

（森）

プライベートの話をすることで事務手続きがスムーズになることも。

聞くは一時の恥、聞かぬは一生の恥。思い切り頼ることも大切。

妊娠から出産に関わって、事務職員さんに提出する書類がかなりあります。特に出産後は役所に行って発行してもらわなければならない住民票に関わるものも含みます。「どこから手を付けたらいいのやら……」そんな感想を抱いたことを覚えています。残念ながら僕は、出産に関わってどんな書類があったかをほとんど思い出せません（笑）。しかし、学校の事務職員さんに一つひとつの書類について聞きながら、時には事務職員さんの側で記入してくださることもありました。その度に、事務職員さんからパパとしての素地指導をいただきました。寝かしつけのこと、ミルクのこと、母親に対しての配慮など、人生の先輩から学ぶことが多くありました。そして、お金のことについても手当等がどのくらい入るのかなどを教えてもらいました。〝聞くは一時の恥、聞かぬは一生の恥〟という言葉がある通り、わからない点があれば事務職員さんを思い切り頼ることが大切だと考えます。

（佐賀井）

COLUMN 02

子どもに囲まれて生きるということ

「たくさんの子どもに囲まれて生活しているってどんな感じ？」と、知人に聞かれたことがあります。「四児のパパ×教師」という生活は、職場でも家庭でも、常に子どもと一緒にいることになります。確かに、ここまで、たくさんの子どもに囲まれて、生きている人間は珍しいかもしれません。

学校の先生って大変……さらに四人の子育てって大変……という考えは誰に限らずあるのかもしれません。確かに嘔吐・汚物対応はじめ、自分のメガネの破損、急な通院等、不測の事態は数えきれないくらいあるので、大変かもしれません（笑）。

ただ、その中で、どの子どもも一人ひとり、確かに成長してくれる姿があります。当たり前のことかもしれませんが、これは本当に素晴らしいことです。慌ただしい生活の中で、一つひとつの成長の瞬間に立ち会えることができる、それが子どもに囲まれて生きるという一つの幸せの形なのだと思います。

（森）

第4章

家庭での生活

第4章

20

子どもがいると、平日の夕方以降はどんな感じで過ごしますか。

公園で遊んでから帰ります。夜も一緒に寝ます。

平日は、17時過ぎには家にいます。学校や保育園から帰った息子たちと妻は、近くの広場で遊んでいることが多いので、そこに参加（参戦？）します。平日夕方の公園にはお父さんは少ないですが、あまり気にせず息子たちと一緒に遊ぶようにしています。私自身は、平日仕事が忙しかった父親と遊んだことをあまり思い出せず、どう自分の子どもたちと関わっていけばいいのか悩むこともありました。しかし、子どもたちと楽しそうに話したり遊んだりする妻を見て、そんな悩みは意味のないことだと気づきました。

大切にしてるのが、夜寝る前に「今日楽しかったこと」をそれぞれ伝え合うことです。息子たちは「友達と漫画の話をした」「図工が楽しかった」など、私は「仕事で他の先生に感謝された」など、ちょっとしたことでいいので伝え合うようにして、一日を終えています（寝ちゃうこともしばしば）。（江澤）

平日の夜、特にお風呂から上がった20時以降は、ごっこ遊びをよくしています。家の中を暗くしたお化け屋敷ごっこや影絵遊び、お店屋さんごっこや戦いごっこ等、永遠に終わらないごっこ遊びに、想像力のすばらしさを感じると同時に自分のHP（ヒットポイント＝体力）の消耗と限界を感じます。

ごっこ遊び以外で最近よくしているのは、体力的にも助かる読書です。tupera tupera（つぺらつぺら）さんの本は、一枚一枚の工夫された絵と自然と笑顔がこぼれるストーリーがあり、とても素敵な本ばかりです。21時ごろ、子どもたちを寝かしつけた後は、そのまま一緒に寝てしまい、朝早めに起きて締め切りが迫った原稿を書くか、寝かしつけの後、ベットから起きてこれまた締め切りの迫った論文を書きます。その場合でも、遅くとも23時には寝るようにして、毎日、最低でも6時間は睡眠をとるようにしています。

（森）

ごっこ遊びや読書をして寝るまで一緒に過ごしています。

一緒にお風呂に入ったり絵本で対話をしたりしています。

平日は〝ルーティン化〟することが重要だと先述しましたが、夜の過ごし方もルーティン化しています。部活動のある日は18時〜19時頃に帰宅します。妻が夕飯を作っている間に僕は娘とお風呂に入ります。お風呂では必ず保育園での出来事を聞くようにしています。3歳にもなると、いろいろなことを話してくれます。「プールで○○ちゃんと遊んだの」「ブランコしたの」など具体的に話してくれるようになってきました。夕食は三人で一緒に食べ、歯磨きへと移り就寝準備へ。「パパ、寝るよ〜」「○○の絵本読む〜」と最近は娘から誘ってくるようになってきました。

一緒にベッドで絵本を読みますが、ただスラスラとこちらが読むだけでなく、「これは何?」「りんご」「どんな顔してる?」「悲しい顔」などのように問いかけを大切にしています。問いかけ〝合い〟を通して、子どもとの〝愛〟情が育つような関わりを大切にしていきたいと思います。

(佐賀井)

第4章

21

子どもがいると、休みの日はどんな感じで過ごすのでしょうか。

一緒に外遊びが多いです。本も大切にしています。

休日は、できるだけ息子たちと過ごすようにしています。部活動をお願いされたとき以外は家族で出かけたり（といっても外遊びがほとんど）、家の周りで遊んだりしています。少し大きくなってきたので、家族みんなで野球をしたりキャンプに行ったりもできるようにもなりました。

生まれてからずっと大切にしているのが、本との関わりを大切にすることです。これは妻と子育ての考えが一致していて、妻は、長男が産まれてから10年近く、2～3週間に一度は図書館に行って、50冊の本を借りてきます。家にはたくさんの本が並んでおり、息子たちは思い思いに読んだり調べたりしています。これはとても妻を尊敬しているところですが、その時期の子どもたちが興味あることを見て、本や図鑑を借りてきています（虫が好きなら虫の本、星がきれいな時期には宇宙の本、など）。外遊びと（絵）本を大切にしながら、息子たちと関わっています。

（江澤）

四人目の子は生まれたばかりなので、まだ外出することができませんが、できる限り、休日は自分一人で子どもたちと外出するようにしています。外出といっても、遠出することは難しいので、天気の良い日は、近くの公園巡りをしたり、散歩やサイクリングを楽しんだりしています。天気の悪い日は、地域の図書館や博物館、科学館、公民館に行くことが多いです。地域の子育てイベントに参加することもあります。休日は、できる限り子どもたちと外出することで、妻のリフレッシュタイムを取れたらいいなと思っています。

コロナ禍で外出が制限されたときは、自宅で果物狩りごっこや縁日ごっこ、プール遊び、水鉄砲遊びなど、それなりに工夫して子どもたちと遊んでいました。むぴー著『いつか家族でやりたい99の楽しいことリスト』（CCCメディアハウス）という本は、とても参考になっています。

（森）

散歩やサイクリング図書館や博物館などに行きます。

幼児には休みがないので思いっきり遊んでいます。

休日とは「休みの日」のことであり、業務や授業を休む日です。しかしながら、幼児に休みは存在しません（笑）。常に何かを吸収しようと行動し続けていますので、それをサポートするのが親の務めです。僕は休日に必ず一回は娘と外に出ることを心がけています。公園に行って、一緒にいろいろな遊具で遊んだり、かけっこをしたりするなど、活動的に関わることを大切にしています。また、僕の住む市には無料で遊べる子育て施設もあるため、そこに連れていくこともありますし、自宅の近くには本屋や図書館もあるので、一緒に行って絵本を読むこともあります。

　父親になるまでは行かなかなかった施設やお店に行くことで、子育てに関するいろいろなサポートが手厚く行われていることに気づくことができました。授業や学級経営と同じで、子どもと同じ視点に立ち、子どものしたいことを思いっきりさせる。これに尽きるように思います。

（佐賀井）

第4章

22

子どもの学校行事と仕事が重なったらどうしたら良いでしょうか。

仕事をやりくりして
わが子の行事を優先します。

勤務している自治体の入学式は、毎年同日に行われますが、午前中に小学校の入学式、午後から中学校の入学式なので、息子が小学校に入学した際も、参加することができました。学校行事関連で妻と約束しているのが、保護者懇談会です。担任の先生と唯一ゆっくり？話ができる場なので、年間を通して夫婦どちらも行くようにしています。前期に妻が参加したら、後期は私が参加するようにして、一年の中で夫婦どちらも担任の先生にあいさつができるようにしています。

その他の行事にも、できるだけ参加します。たいてい学校からのお知らせは1カ月ほど前に文書で日程がわかるので、その日の授業をやりくりして仕事を休んだり、時間休をもらっています（運動会は、徒競走に出た息子たちが転ばないかなど毎年ドキドキ）。1カ月もあれば、当日の授業の変更はそのほかの日に振り替えることができますし、余裕をもって準備ができます。

（江澤）

教師になってから、子育てが一段落したベテランママ先生から、「私、自分の子どもの授業参観や運動会とか、仕事で全然参加してあげれなかった。大きくなったいまでも申し訳ないと思っている。森先生、お子さんが生まれたら、ぜひ子どものイベントには出てあげてね」とお話をいただいたことがあります。そんなありがたいお言葉もあり、自分の子どものイベントには可能な限り参加しています。コロナ前は、夫婦二人で入学式や卒園式、授業参観に参加してきました。こないだ生まれたばかりなのにもう卒園、小学校生活で大きくなったなと、わが子の成長をしみじみしている親バカパパとなっています。

こうしたパパとしての実感があり、学校においても儀式的行事の語りが変わりました。儀式的行事は、子どもにとって価値あるものであることはもちろん、親にとっても、貴重な時間であることを語れるようになりました。卒業生を送り出す先生や

親として参加した経験が
教師の幅を広げてくれます。

学校にとって、また親にとって、儀式的行事はどんな意味や意義があるのかを、実感をもって児童に伝えられるようになったと思います。「卒業式の主役は6年生の君たちではあるが、君たちだけのものではない。これまで愛情をもって育ててくださったお家の方、優しく関わってくださった地域や先生方、全ての方にとって特別な時間でもある」と心から伝えられるようになりました。自分の子育てでのイベントの参加経験は、教師としての見方や考え方にさらなる重みを与えてくれます。

（森）

第4章

23

自分の子どもが通う学校・保育園や先生とは、どのようなスタンスで関わっていますか。

「ネガティブなことは言わない」を夫婦のルールにしています。

教

員をしていると学校の内情をよく知っているため、自分の子どもの学校のこともよくわかります（わかってしまいます）。そこで、妻と相談して約束していることがあります。それは、「子どもが通う学校や担任の先生について、ネガティブなことは絶対に言わない」ということです。これは、ノンバーバルな部分も含みます。子どもたちは毎日、学校に通っています。まだまだ小さいので学校以外の世界は知りません。まだ小さいが故に、世界＝学校になりがちです（外の世界をどんどん見せるのも親の役目だと思います）。もし、親が学校に関してネガティブなことを言っていたら、子どもは何を信じて頑張ればいいのかわからなくなるのです。

と、書いていますが、やっぱり担任の先生や学校を信頼することが大切で、毎日一緒に生活してくれたり、勉強を教えてくれたりする担任の先生や子どもたちに関わってくれる全ての先生方には感謝と尊敬しかありません。

（江澤）

教

員をやっていると他のご家庭と比べて、自分の子どものことで、いろいろと気がつくことがあるかもしれません。しかし、私の場合は、親の目線9割、教師1割の意識でいます。これまで自分の子どもの園や学校にとてもお世話になってきたという思いがあるので、そう思うのかもしれません。「ここまで丁寧に見ていただけるんだ」とか、「こんな素敵な活動をされているんだ」と、子どもの話や配布されるお便りを読んで、親として喜ぶことが多いのです。

ただ1割は、教師としての自分もいて、自分の子どもの園や学校の内容を実は参考にさせてもらっていることがあります。「親9割、教師1割」を意識することで、親の目線で、改めて学校のあり方を見直すこともできます。

（森）

「親9割、教師1割」の意識で関わっています。

二人三脚で歩みながら勉強させてもらっています。

娘の保育園への送りを担当したある日。「おはよう〜。今日も頑張ろうね！」と二人の乳幼児を抱っこしながら元気に話す保育園の先生を見て、驚いたことがありました。保育園の先生からは勉強することだらけで、言葉がけや動機付け等、主体性を育てるアプローチというのは校種問わず共通しているのだなと思います。連絡帳では、子育てに関する疑問に答えてもらったり、保育園でできるようになったことを教えてもらったりしています。

同業者同士だと口出しをしたくなるという話を聞きますが、それは当事者意識、つまり「一緒に子どもを育てていこう」という認識が欠如しているように思います。教師として、子育てに協力的な保護者、信頼してくれる保護者がいるということが明日への活力になるのと同じように、自分の子が安心して成長できるように、保育士の方々と二人三脚で歩んでいけるようにすることが何よりも大切であると考えます。

（佐賀井）

第4章

24

パパ先生になって、発見や見えてきたことはありますか。

子どもたちの言語発達から授業のヒントをもらいました。

私は言語を教えるのが仕事なので、自分の子どもたちの言語的発達もとても興味深く見ています。実は、あまり家庭では「先生色」みたいなものを出さないようにしていました。現に数年前に子どもに「お父さんのお仕事って何か知ってる?」と聞いたら、「なんか本書いたり、動画撮ったり、いろいろする人」という答えが返ってきました(笑)。しかし、教員をしていると、どうしても子どもたちの発達(特に言語的な部分)を見てしまいます。そして、子どもたちが日本語を話せるようになっていく様子を見ることは、言語は違えど英語の授業実践に少なからず影響しています。

例えば、私の家には、浴室に「五十音表」が貼ってあり、妻がクイズを出した50音を水鉄砲で打ちながら遊んで(学んで?)いました。同じことが英語の習得にもあると思い、文字と音との関係(フォニックス)を授業に取り入れました。

(江澤)

パパになって、うんちは赤ちゃんの大切な健康観察の道具であることを強く実感しました。おむつ替えのときに、「このうんちは昨日消化に悪いものを食べてしまったからだな」とか、「飲みすぎたり、食べ過ぎたりしてゆるくなってしまったな」など、うんちは子どもの体調をとてもわかりやすく教えてくれます。うんちは子どもの声にならないメッセージそのものなのです。

その他にも、パパになって見えてきたことがたくさんあります。夕方に子どもと一緒に散歩に行くと見える夕日の美しさ、朝起きるとカブトムシの卵が産まれているのを見つけ大喜びする子どもの無邪気な心、一人でゆっくりトイレができる喜び、自分が親になって初めてわかる自分の両親への感謝等です。これらは、目には見えない小さな幸せです。

（森）

うんちの大切さや夕日の美しさ
日々たくさんの発見や感謝。

育児に悩める時期はきっと一瞬 そして幸せな時間です。

僕が乳幼児のとき、いくらミルクを飲ませても抱っこしても寝ないので、夜中に車でドライブをして寝かせていたというエピソードを親から聞きました。パパになるまでは「あ〜そうだったんだ」程度でしたが、いまはそれがどれ程大変なことかがわかります。以前から両親には〝感謝〟していましたが、パパになってからは〝尊敬〟するようになりました。子どもが家を飛び立つまでの年数もあっという間に経つんだろうなと思います。時には余裕がなく、ストレスをためこむ場面もありますが、隣でスヤスヤと穏やかな寝息を立てている子どもの顔を見ることができるのも一瞬。これからランドセルを背負っていく6年間を見るのも一瞬。制服で登校する6年間を見るのも一瞬なんだろうなと思います。

そう考えると育児に対して悩めているいまというのは本当に幸せな時間です。これからも子どもとの時間の一瞬一瞬を大切に刻んでいきたいと思います。

（佐賀井）

第4章

25

いま、家庭や子育てで一番大事にしていることや目指していることは何ですか。

大変時期を乗り越えながら成長を見守っていきたいです。

いまは、子どもたち、妻との時間を取れるような仕事の仕方をしています。子どもたちの成長は本当に早いです。一時期は子育てが大変で（妻はもっと大変だったでしょう……）「早く成長してくれないかな」と思うこともありました。長男のいわゆる「イヤイヤ期」と次男の夜泣きが重なり、ゆっくりする時間もありませんでした。いまは、当時の様子を語り合い笑い話にできていますが、その時期は本当に大変で、自分で自分を追い詰めていました。イヤイヤ期真っ盛りだった長男も、夜泣きしていた次男も小学生になっています。彼らは彼らなりに人生を楽しみ、乗り越えていってほしいです。

また、保育園の帰りに娘と手をつないでいるとき、「いつまで手をつないでくれるのかなあ」とふざけて娘に聞くと「ずっとてつないであげるよ～」と言ってくれます。そんな瞬間もやっぱり取り戻せないし、いまを大切に子育てを楽しみたいです。

（江澤）

身近な大人たちが幸せそうに生きている姿を見せることが、子どもにとって一番の教育効果だと思っています。パパやママが笑顔で話をしている、学校の先生たちが楽しそうに笑っている、そんな姿から子どもたちは全てを感じとるのではないでしょうか。夫婦二人で人生のTODOリストについて他愛のない話をしています。人生の中で、やりたいことをとにかく思いつくだけ挙げて一覧にしていくのです。○○に旅行に行きたい、家族でスポーツをしたい等が出てきて、なんだか楽しいです。わが子どもたちは、そんな様子を見て、「私は○○がやりたい！」とのってきます。

学校の児童には、同僚の先生や地域の方の素敵なところを自慢しまくっています。「担任のA先生は目に見えないところで、みんなのためにいろいろなことで動いていただいている」と語ると、児童たちは、嬉しそうに話を聞いています。大人たちが楽しそうにしている姿は、子どもたちの鏡になります。

（森）

身近な大人たちが楽しく生きている姿を見せたいです。

家族をリスペクトしながら自分ができることを考え続けたいです。

より良い家庭を築く上で僕が大切にしていることは、「当事者意識をもつこと」と「お互いにリスペクトし合うこと」です。悔しいですが、最初の一カ月は自分の無能さを痛感するだけで、どれだけ妻に負担をかけたかわかりません。ですが、僕もパパとして何かできることはないかを一生懸命考えて、その場でできることをやりくりしていたように思います。子育てについて妻を最大限リスペクトしつつ、当事者として何かできることはないかを考えることを大切にしています。

また、これは教師としても大切にしている姿勢ですが、子どもを下に見ず、常に同じ目線でリスペクトしながら、娘のやりたいこと、やろうとしていることを一緒に考えていくように努めています。時には、上手くいかず泣かれてママに行かれることもあるのですが、失敗やできるようになったことに感動を覚えながら、今後も子どもの成長を見守っていけたらこれ以上の幸せはないのだと思います。

（佐賀井）

COLUMN 03

見えない“育児”

例えば、「保育園に連れて行く」というタスク対してはどんな準備が必要でしょうか。もちろん、ただ連れていけば良いだけではありませんよね（笑）。娘の場合、毎日準備が必要なものとしてはコップ、おしぼり、連絡帳、そして水筒などがあります。これを当日に準備していては朝が慌ただしくなります。ですから、前日のうちにコップと水筒を洗い、新しいおしぼりを用意し、連絡帳の記入を終わらせておく必要があります。また、「お風呂に入れる」というタスクついてはどうでしょうか。お風呂に入る前にバスタオルやボディクリーム、パンツ、着替え、新生児であれば沐浴のために温かい湯船を用意しておく必要があります。育児に直面していると、こういった見えない〝育児〟の存在に気づかされます。目に見えるものだけが全てではありません。目に見えないものこそ、パートナーと分担して丁寧に対応することが家庭生活の充実につながると僕は考えます。

（佐賀井）

第5章

これからのキャリアと人生

第5章

26

家庭をもったら住まいと通勤は重要になりそうです。どうしていますか。

祖父母が近くにいると子育ての大きな支えになります。

中

学校の良いところは、多くの先生たちが生徒を見られる点にあると思います。社会の先生が授業で見て、学年主任の先生も生徒を見て、担任の先生ももちろん生徒たちを見て……。子育ても同じではないでしょうか。両親二人で子どもを育てていくのもいいですが、子育ては数年で終わるものではありません。余裕をもって向き合えるように、大きなバスケットで子どもと関わっていくのも良いでしょう。

そこで、祖父母の存在は、とても大きくて、頼りになります。仕事で抜けられないときに限って保育園から体調不良で早退の連絡がきたり、教師をしていると土日も仕事に行かないといけないときがあったりします。そんなときに、近くに祖父母がいてくれると子育ての大きな支えになります。私は同居をしているので、「近く」どころか同じ家に母（子どもたちにとっては祖母）と祖母（子どもたちにとっては曽祖母）がいます。**（江澤）**

いま、僕が勤めている学校は、住んでいる市町村と隣町です。近隣の市町村は学校行事が重複しないように行政で日程調整している傾向がありますので、住んでいる町と勤務する町が隣町の場合、自分の子どもの行事と勤務校の学校行事が重なることが少ないのです。

さらに自宅と勤務地はできるだけ近くにしていただくように、異動の際に管理職にお願いした結果、自宅から勤務地まで短い通勤時間にすることができました。いま、僕は15分程度で通勤できています。多くの教育委員会で、子どもをもつ先生には、家庭的な配慮を十分していただけるはずですので、異動の際には、隣町に定住するメリットやデメリット、家族の事情などを考えて、自分の希望を管理職にしっかりと伝えるようにするとよいと思います。

（森）

異動の際にお願いして自宅と勤務地を近くしてもらいました。

妻の実家の近くに住むことで安心して子育てできています。

僕の出身地は、山形県鶴岡市という日本海側にある庄内地方という場所にあります。そこから車で一山越えて90分。妻の出身地は天童市という場所にあります。結婚する際に妻と話し合い、将来的には天童市に住むということを約束しました。どちらも初任は庄内地方の中学校でしたが、異動して現在は天童市に住んでいます。幸いにも妻の実家の近くに住まわせていただいて、義父母からは本当に良くしてもらっています。そして何よりも子育て等の協力を妻が得やすい環境というのは安心します。妻も自分が育った環境で子育てをすることに安心感を覚えているようでした。

長男なのに実家は大丈夫なのか、という声が聞こえてきそうですが、もちろん両親とも話し合いました。決め手になったのは「こっちは気にしなくていいから、家族の幸せを第一に考えなさい」という父親からの言葉でした。この言葉を実現に移すことが自分の役目であると思っています。

（佐賀井）

第5章

27

子どもの将来のことを考えていたら、お金のことが心配になってきました。

おすすめは資産運用！NISAとiDeCoに挑戦してみてください。

家庭をもっとお金のことが気になっちゃいます。でもあんまり職員室でお金の話って出てこないですよね。ここでは、私は資産運用の話をしたいと思います。おすすめは、二つ。「つみたてＮＩＳＡ（ニーサ）」と「ｉＤｅＣｏ（イデコ）」です。運用益（株などを買って増えた額）が非課税となるつみたてＮＩＳＡは、年間40万円の積立が可能です。本来であれば、2割とちょっと税金として引かれてしまいますが、増えたら増えただけ手元に残ることになります。また、ｉＤｅＣｏにも挑戦してみてください。公務員なら毎月1万2千円積み立てることができ、積立額はすべて控除されます。

ただ、20代の3万円と、50代の3万円って、全く違いますよね。個人的には、20代のうちから「運用しなきゃ！」と節約せずに、好きなことをしたり、自己投資したりすることのほうが、その後の数十年はよっぽど充実すると思います。先生方もぜひ、お金の使い方を考えましょう。

（江澤）

※つみたてＮＩＳＡは２０２４年1月、ｉＤｅＣｏは２０２４年12月から上限額が引き上げになる予定です。

休や部分休で、給与が減る。子どもたちの教育費がかかる。など、パパ先生になると、お金のことを考えざるを得ません。そこで、ライフプランの作成をおすすめします。ライフプランとは、生涯の支出やライフイベントの見通しの一覧です。ネット上にエクセルのシートなど、いくつも参考となるものがあります。ライフプランを作成すると、10年先、20年先を見通した支出の最適化（固定費や保険の見直し）を考えることができます。「iDeCo」や「つみたてNISA」、ふるさと納税、確定申告、共済貯金、兼業申請、教育研究費申請等、お金に関わることでできることはたくさんあります。お金の使い方はその人の人生を決めるにも関わらず、無頓着な方が多い気がします。お金は、家族の人生にも強く関わってくるので、具体的な数字による長期的な見通しをもち、お金についての正しい知識を身につけましょう。

（森）

ライフプランを作成して長期的な見通しをもちましょう。

“家計ノート”にコツコツ記入して家計を見える化しています。

あなたの一カ月に使えるお金は何円ですか？　ガソリン代は？　携帯料金は？　日用品は？　食費にはどのくらいかかっていますか？　もし、この質問に答えられないまま新しい命を迎え入れようとしているのであれば、家計の見直しを勧めます。僕は気になる書籍や研修会に関わる出費については、惜しむことなく使っていました。しかし、子どもができるとなってからようやく自分のお金の使い方を見直すことを決意しました。いま、本屋さんでは〝家計ノート〟という家計を見える化できるノートや本が売っています。僕の場合はそれを利用して自分が使用しているお金の流れを見える化しています。携帯の家計用アプリもありますが、僕の場合はコツコツとレシートを集めてノートに記入して、お金の流れを見つめていくほうが合っていました。実際に自分の手で数字や文字を書いてみることで初めて認識できることは多いのでお勧めします。

（佐賀井）

第5章

28

自分の世界を広げてみたいのですが、教師の副業にはどんなものがあるのでしょうか。

毎年、教育研究費に申請をしてスキルアップしています。

教育研究費の申請に毎年チャレンジしています。以前は、自費で本をたくさん買ったり、土日に研修に出かけたりしていました。しかし、家庭をもつようになると、お金に制限が出てきます。そこで取り組むべきなのが教育研究費申請です。こんな実践をしたいと企画し、申請書類を作成し、応募して採用されれば、一定の研究費として助成金をいただける制度がいくつかあります。日本学術振興会奨励研究をはじめ、助成財団センターのＨＰや助成金ガイドを見ると、自分のニーズに合った応募可能な助成を見つけることができます。当然、書類の作成や会計報告など、事務作業は必要ですが、それも含めて、教育研究費申請は、自分のスキルアップや実践の改善につながります。これは副業ではありませんが、お金の制限を乗り越えるだけでなく、自分のスキルアップや実践の改善につなげることができます。

（森）

民間企業での副業解禁が進んでいます。自治体によっては副業ＯＫになった県庁や市役所もあるようです（実は私が勤める福井県でも２０１９年に副業・兼業の基準が明確化されました）。いまは兼業するのに書類を申請して許可を得る必要がありますが、私は学校の先生方も副業・兼業をもっとフランクにできるようになればなと思っています。

私は本を書いたり、セミナーをさせてもらったりして、報酬をいただく機会があります。しかしもっと気軽に、副業（正確には兼業ですが）できるようになれば、教師として、社会人としての資質が高まりそうです。そもそも民間の副業解禁は、企業の「定年まで雇うことができないかもしれないから、副業でスキルをつけておいてね」という意図も見え隠れしますが、教員の副業が解禁されれば、社会全体が少し違った方向に向かいそうです。例えば、美術の先生が作ったクラフトをマルシェで売ったり、英語の先生が土日に地元観光地の通訳をしたりする

本の執筆やセミナー講師で教師の幅が広がっています。

のも楽しそうです。学校の外に出ている先生の話と、そうではない先生の話、子どもたちをより惹きつけられるのはどちらでしょうか。学校外でもさまざまな経験をしている先生の話はきっと魅力的だと思います。

長らく「教師は世間を知らない」と言われてきました。「世間」の定義はさておき、教師が気軽に副業・兼業を通して学校以外の場所で活動できることで、本業である学校での授業や生徒たちとの関わりに幅が広がるでしょう。また、学校の生徒たちは私たちが思っている以上に教師を見ています。「社会に出たときに困らないようにするため」という指導中、もしかすると生徒たちは「先生自身が社会に出てないじゃん」と心の中でツッコミを入れているかもしれません。しかし兼業をすることで結果的に得られる経験を普段から話をしておくと、生徒たちの先生に対する印象も変わってくると思います。

（江澤）

第5章

29

三人の先生方の人生観やキャリア観をお聞きしたいです。

出世よりも現場で授業！公立でどこまでできるか提案したい。

一人一台の端末が整備され、授業が楽しくなりました。いろいろなプラットフォームを見に行っては授業に生かすことができないか考えることが楽しいですし、自分よりも上手に授業をしている先生を見ると羨ましくも、負けてられないなという気持ちになります。夏休みは授業がなくなって残念で、早く2学期が始まらないかなと思っています。そういう考えなので、いわゆる「出世」にはあまり興味がありません。それよりも受けもった生徒たちが、少しでもできるようになるためにどんな授業をしたらいいかを考えたり、時間的に余裕をもった仕事をして、家族と過ごしたりしたいと思います。これまでに何度か私立学校から、授業をせずに英語科全体のマネジメントをする「英語科アドバイザー」のような立場にならないかという打診がありましたが、同じ理由で全てお断りしました。いまは、公立の中学校でここまでできるんだ！と授業実践を提案することを続けていきます。

（江澤）

「仕事は人生の一部でしかない」。私はそう思っています。教師は児童生徒の成長に直接関わるやりがいのある素晴らしい仕事ですが、自分の命を落としてまでする仕事ではありません。海外のある一流プロテニス選手が、「テニスは単なるゲームだが、家族は永遠だ」と言った言葉が耳に残っています。一流のスポーツ選手が家族を大切にすることを心がけているのであれば、それよりもずっと小さな存在である自分は、家族のためには大きな存在でいたいと思っています。

20代の頃は、こういうキャリアを歩んでいきたい！と思っていました。しかし、30代になり、子どもが四人も生まれ、学校全体に関わる仕事を経験するようになると、他の人の喜びや幸せが、自分のことよりもずっと幸せだと感じるようになってきました。いまでは、家族を含め、他の方のお役に立てること、喜んでもらえることに精一杯お答えしたいと思っていろいろな仕事をバランスを取りながらしています。

（森）

他人の役に立ち、喜んでもらうことが一番幸せです。

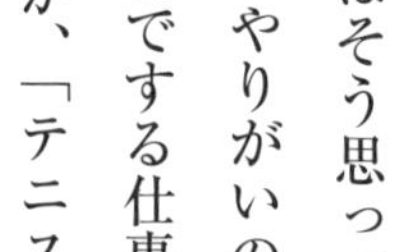

自分の主張を展開しながらどんな場所でも精進してきたいです。

いつからか〝人〟と〝論〟を意識的に区別するようになりました。〝人〟としては好きだけど〝論〟は合わない人や、〝人〟としては一緒には居たくないけれどもその人のもつ〝論〟は勉強になるようなことがあります。そういった視座に立ったとき、僕のいまもっている〝論〟を拡げていきたいと思いますし、拡げるためには相手から認められないといけません。上司・同僚や生徒、保護者も含めいろんな方々、全ての人から好かれるというのは不可能なことです。でも、〝論〟として自分の主張を伝え、合意形成を図ることはできると思います。僕はこれからの教員人生でも自分の〝論〟を主張・展開できるように精進していきたいと強く思います。

「井の中の蛙大海を知らず　されど空の青さを知る」という言葉があります。これから自分の立場がどう変化していくかわかりませんが、置かれた場所で「空の青さ」を忘れずに、教師としての生活を楽しんでいきたいと考えます。

（佐賀井）

第5章

30

パパ先生におすすめの本やウェブサイトがあったら教えてください。

父親として教師として参考になった陰山先生の本です。

私がおすすめする本は、陰山英男著『子どもの頭が45分でよくなるお父さんの行動』（ＰＨＰ刊）です。100マス計算で有名な陰山先生が、父親として教師としてどう生活してきたのか、どんなことを考えながら子どもたちと関わってきたのか（三人のお子さんがいらっしゃいます）、すごく丁寧に書かれていて参考になります。帯に「子どもの学力・地頭力は父親しだいで伸びる！」と書かれていて、少しプレッシャーも感じますが、肩の力を抜いて読んでみてください。参考になることばかりです。大丈夫、「子どもの頃は親が忙しくて、父親と土日に遊んだ記憶なんてないよ！」と思っていながらも、人生しっかり幸せになり、楽しんでいる方はたくさんいらっしゃいます（私もそうかもしれません）。この本の中にも書かれていますが、ぜひパートナーを大事にして、子どもに「人生は楽しいものだ、一緒に幸せになろう」と伝えてあげてください。

（江澤）

いままで、子育てに関して、勉強させていただいた書籍やサイトがたくさんあります。特におすすめなのは、「NPO法人ファザーリング・ジャパン」のサイトや書籍、イクメン雑誌「FQJapan」、パパのSNS交流サイト「パパ育コミュ」です。

私の住んでいる地域では、子育て支援講座の開催や「ぎふっこカード」と呼ばれる子育て支援サービスカード、出産祝金等、様々な子育て支援が充実しています。岐阜県、大垣市が公開している「水都っ子」という冊子もとても参考になりました。ご自身の住んでいる行政の子育て支援は必見です。

ヨシタケシンスケさんの『あんなにあんなに』（ポプラ社刊）や、岐阜県養老町が毎年出版している『家族の絆・愛の詩』（大巧社刊）は、子育てに関わるすべての方に特におすすめです。

（森）

たくさんのおすすめしたい書籍やサイトがあります！

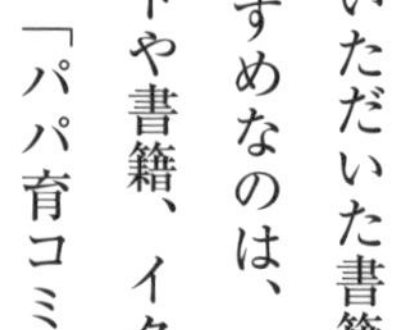

モンテッソーリ教育に興味をもち手に取った本です。

藤崎達宏さんの『0～3歳までの実践版　モンテッソーリ教育で才能をぐんぐん伸ばす！』（三笠書房刊）は、0～3歳までの子育てに必要な〝考え方〟が記載されている良本です。「この時期の子どもというのは〝神様からの宿題〟を行っている」という言葉で気持ちがとても楽になりました。また、2歳の時期はイヤイヤ期が訪れる魔の時期とも言われますが、対処法についても詳しく言及されていて、勉強になりました。僕は「モンテッソーリ教育って何だろう？」と気になったところがスタート地点でしたが、実際に手に取って読むとそれぞれの時期に必要なアイテムやアドバイスが記載されており、手元にあると安心できる一冊だと思います。

もちろんこれ以外にもたくさんの子育て本はありますし、いろいろな本から知見をもらっています。「これだ！」という正解はないからこそ、目の前の子どもと向き合ってbetterな納得解を見つけていく姿勢を大切にしています。

（佐賀井）

パパが育休を取る場合の流れについて

COLUMN 04

子どもが産まれると、パパ先生は学校に育休の申請をしに行かなければなりません。育休の申請には産まれた子の名前が必要で、名前が決まっていないと申請を出すことができません。通常、役所に新生児の名前を登録するのには、出産日から2週間の猶予があるのですが、パパが育休を取る場合には、そのようなことを言っていられないのです。

申請が出せないと、講師の先生の勤務が始められないので、いつまでも名前が決まらないと、学校に迷惑をかけることになります。その一方、出産後に名前を決めて役所に届たり、学校に引き継ぎに行くときは、産後でへとへとな奥さんと子どもを家に残すことになり、これもとても苦しい思いをします。

ママ先生の育休の場合だと、産後休暇があるので書類もじっくりと揃えればいいわけですが、パパ先生の場合は上記のような流れもあり、育児休暇が取りづらいという現状もあります。

（T）

第6章

教員の産休・育休制度

本稿に記載されている内容は、２０２２年12月現在のものです。また、自治体によって制度の名称や詳細が異なる場合がありますので、各種制度の活用を検討される際には、それぞれの勤務先の制度をご確認ください。

教職員の妊娠・出産・育児に関する休暇制度等について

本書を手に取っている方の中には、「**育児のために制度を活用したいけど、どんな制度があるかわからない**」という方も少なくないのではないでしょうか。私は学校事務職員として勤務しながら育児休業を三度取得したのですが、その際には、たくさんの資料をかき集め、様々な視点から必要となる情報を収集しました。

ここでは、イザというときに役立つように、できる限りわかりやすく妊娠・出産・育児に関する休暇制度等について紹介していきます。気になるけど聞きにくい（?・）、お金（給料やボーナス、昇給等）の話についても触れていきます。

ところで、地方公務員である公立学校の教職員には、一部の規定を除き**労働基準法**が適用されるため、勤務時間やその他の勤務条件については、同法の制約の範囲内で定められています。また、**地方公務員法第24条**には、「国及び他の地方公共団体の職員との間に均衡を失しないように当該地方公共団体の条例で定めること」と規定されています。

妊娠・出産・育児に関する休暇制度等については、取得する時期や取得する教職員の性別によって様々なものがあります（図1参照）。

なお、各種制度は地方公共団体ごとに条例で定められているため、勤務する地方公共団体によっては、本書で紹介している内容について制度の名称や詳細が異なる場合があります。各種制度の活用を検討される際には、それぞれの勤務先の制度を必ず確認するようにご留意ください。

図１　妊娠・出産・育児に関する休暇制度等一覧

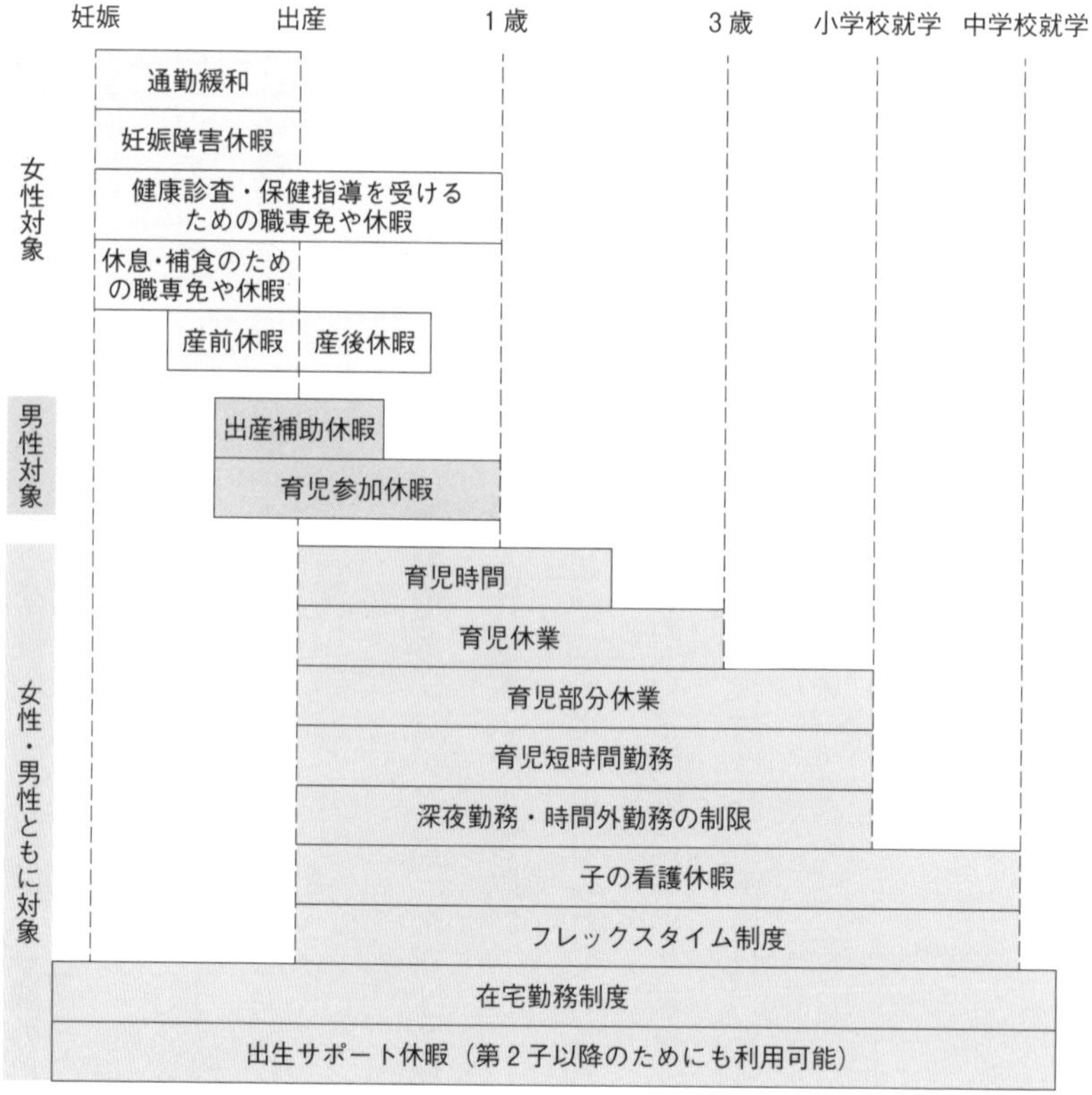
妊娠
出産
1歳
3歳
小学校就学
中学校就学
女性対象
通勤緩和
妊娠障害休暇
健康診査・保健指導を受けるための職専免や休暇
休息・補食のための職専免や休暇
産前休暇
産後休暇
男性対象
出産補助休暇
育児参加休暇
女性・男性ともに対象
育児時間
育児休業
育児部分休業
育児短時間勤務
深夜勤務・時間外勤務の制限
子の看護休暇
フレックスタイム制度
在宅勤務制度
出生サポート休暇（第２子以降のためにも利用可能）

妊娠前・妊娠中における休暇制度等について

妊娠前に活用できる制度としては、**不妊治療に係る通院等のための出生サポート休暇**があり、男女ともに取得することができます。

また、**妊娠中の教職員が、活用することができる様々な制度があります。**例えば、

・母子保健法に規定する医師の保健指導や健康診査を受ける場合（出産後1年以内のものも対象）
・業務が母体・胎児の健康保持に影響があるため、勤務中に休息・補食する場合
・通勤時の混雑による影響があるため、通勤時間帯を変更する場合
・つわりなど妊娠による症状のため勤務が困難な場合　等

さらには、妊娠中である教員の負担軽減のための補助教員が配置される場合も

あるなど、働きながら安心して出産できるよう、様々な環境が整備されています。妊娠中の体調については個人差があるため、決して無理することがないように本人も周囲も互いに思いやりの心を持って出産に向けた準備を進めておくことが重要です。

産休（産前休暇・産後休暇）について

産休とは、産前休暇と産後休暇のことを指します。概要をまとめたものが表1です。産前休暇は、出産予定日の8週間前（多胎妊娠の場合は、14週間前）から取得することができます（地方公共団体によっては、6週間前からと定め、加算期間を設けている場合もあります）が、いつから取得するかは任意です。また、**取得するためには、本人から申請しなければならない**という点にも注意が必要です。

なお、労働基準法では、出産予定日の6週間前から産前休業を取得できるとさ

表１　産前休暇・産後休暇について

	産前休暇	産後休暇
対象	妊娠中の職員	出産した職員
要件	出産予定の職員が申し出た場合	職員が出産した場合
取得可能期間	出産予定日の８週間前から出産の日までの申し出た期間 ※多胎妊娠の場合は14週間前から	出産日の翌日から８週間を経過する日まで
給与	支給（減額なし）	支給（減額なし）
ボーナス	支給（減額なし）	支給（減額なし）
共済組合掛金	産前産後休業を開始した月から終了する日の翌日の属する月の前月までの期間の掛金免除（申請が必要） ※産前産後休業とは、「出産日（出産日が出産予定日後の場合は、出産予定日）以前42日（６週）から出産日後56日（８週）までの期間」	
代替教職員	配置あり（女子教職員の出産に際しての補助教職員の確保に関する法律）	
その他	＜出産予定日より早く出産した場合＞ 出産日までが実際に取得する産前休暇となり、８週間より短くなる。 ＜出産予定日より遅く出産した場合＞ 予定日の翌日から出産日までの間も産前休暇となり、８週間より長くなる。	※出産とは、妊娠満12週以降の分娩をいい、流産や早産、死産も含む。

れています（「休暇」ではなく、「休業」という文言が用いられています）。**産前休暇は出産予定日を基準として考えるため、実際の休暇取得日数は、出産日によって8週間より長くなったり、短くなったりすることもあります**。

産後休暇については、出産日の翌日から8週間を経過する日まで取得でき、労働基準法においても8週間と定められています。産前とは異なり、**請求の有無を問うことなく、産後8週間を経過するまでの就業は原則として禁止**されています。ただし、産後6週間を経過してから本人が請求した場合には、就業しても支障がないと医師が認めた業務について就業することができます。民間企業等の場合には、産休中は給与が支給されないこともありますが、公立学校の教職員の場合、産休は特別休暇であるため、期間中の給与については、休暇取得に伴い発生しなくなるもの（通勤手当等）を除いて全額支給され、ボーナス（期末勤勉手当）についても全額が支給されます。その一方で、毎月数万円支払っている共済組合の掛金（給与明細書を確認してみてください）については、本人の申請によって免除されます。さらに、出産時には共済組合から出産費（42万円＋附加金

※原稿執筆時点）も給付されます。

また、**産休期間中は「女子教職員の出産に際しての補助教職員の確保に関する法律」に基づき、代替教職員が配置される**ので、安心して出産・育児に専念することができます。

出産前後に男性が取得できる休暇制度等について

退院後をはじめとして、子の出生直後の時期は、出産した女性への支援が特に必要となります。**配偶者の出産に際しては、出産補助休暇や育児参加休暇が取得可能**です（表2参照）。育児参加休暇については、他に子を養育できるものがいる場合や小学校入学前の第一子等の養育をする場合でも取得することができます。出産日が予定日よりも早くなったり、遅くなったりすることも踏まえて、**取得を希望する場合は、早めに計画し、管理職等に相談しておくことが重要**です。

なお、出産後は、育児休業（後掲）や子の看護休暇などの制度も活用可能です。

表２　出産前後に男性が取得できる休暇制度

	出産補助休暇	育児参加休暇
対象	配偶者が出産した（又は予定の）職員	配偶者が産前産後期間中の職員
要件	配偶者が出産する場合で、 ①出産のための入院や退院の付添い ②出産時の付添い ③出産のための入院中の世話 ④子の出生の届出 等のため勤務しないことが相当であると認められる場合	配偶者が出産する場合で、 ①出産に係る子 ②小学校就学の始期に達するまでの子 の養育のため勤務しないことが相当であると認められる場合
取得可能期間	出産に係る入院等の日から出産日後２週間を経過する日まで	配偶者の出産予定日の８週間前（多胎妊娠の場合は、14週間前）から出産の日以後１年を経過する日まで
取得可能日数	３日	５日
取得可能単位	１日、半日、１時間又は45分	１日、半日、１時間又は45分
給与	支給（減額なし）	支給（減額なし）
その他	出産とは、妊娠満12週以降の分娩をいい、流産や早産、死産も含む。	

育休（育児休業）について

育休とは、育児休業のことを指しますが、公立学校の教職員の育休については、「地方公務員の育児休業等に関する法律」に基づき、地方公共団体の条例で定められています。**育休は、女性も男性も子が3歳になるまで1日単位で取得可能**です。同一の子について原則として2回、男性は、産後パパ育休（子の出生後8週間以内の育休）も加えて、**最大で4回取得することができ、それぞれの期間を1回まで延長可能**です。なお、特別な事情がある場合には、再度の延長が認められることもあります。**父母が同時に取得することも可能**なため、出産直後の時期や配偶者が育休から復帰するタイミングに取得するなど、家庭事情に合わせて柔軟に計画することができます（表3・図2参照）。

次に、みなさんの気になっている育休に関するお金（表4参照）について見ていきます。結論から言うと、**育休中は給与が支給されません**。ボーナス（期末勤

表3　育児休業の期間等について

	女性職員	男性職員
対象	3歳に満たない子を養育する職員	
要件	3歳に満たない子を養育する場合	
取得可能期間	産後休暇終了日の翌日から子の満3歳の誕生日の前日まで	子の出生日から子の満3歳の誕生日の前日まで
取得期間の延長	それぞれの取得期間について、原則1回可能　※特別の事情があれば、再度の延長可能	
取得可能単位	1日	
取得可能回数	同一の子につき、原則2回 ※特別の事情がある場合は3回目取得可能	同一の子につき、原則2回 上記に加えて、子の出生後8週間以内の育児休業（産後パパ育休）についても2回まで取得可能（合計　最大4回まで取得可能）
請求期限	休業開始希望日の1月前	休業開始希望日の1月前 ※子の出生後8週間以内の育児休業（産後パパ育休）の場合は、休業開始希望日の2週間前
年休付与日数	影響なし 1年度に20日付与、前年度からの繰越分も付与	
代替教職員	配置あり（地方公務員の育児休業等に関する法律）	
その他	配偶者が就業していなくても取得可能 配偶者と同時取得可能	

図２　育児休業取得例

＜取得例１＞出産直後や育休復帰時に取得

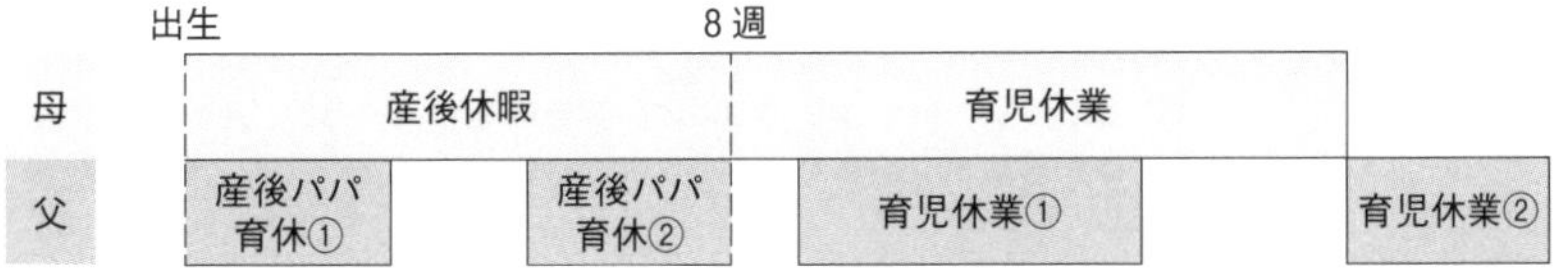

＜取得例２＞交代して取得

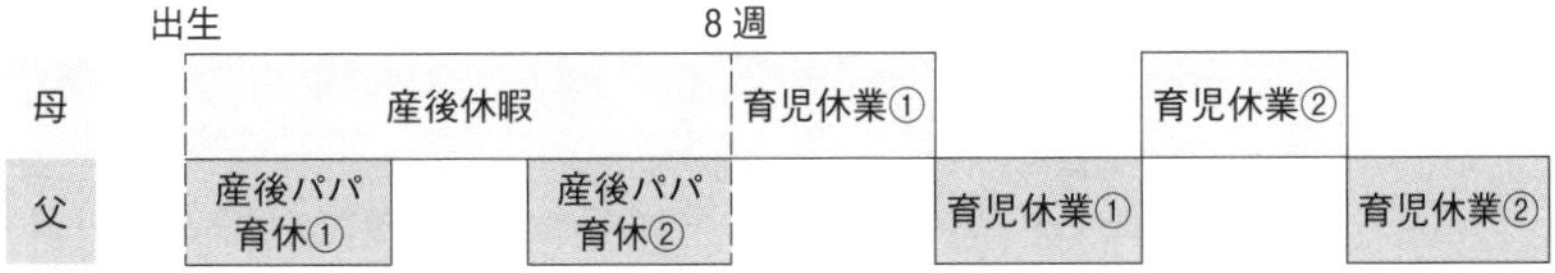

表４　育児休業に関するお金について

給与	無給（育児休業手当金の給付あり）　※月途中の休業や復職は日割支給
ボーナス	基準日（６月１日、12月１日）に休業中の場合は、勤務実績に応じて支給 期末手当…育休期間の1/2を除算して支給 勤勉手当…育休の全期間を除算して支給 ※①「期間の全てが子の出生後８週間以内の育休の期間」と ②「それ以外の育休の期間」は合算せず、①②がそれぞれ１か月以下である場合は、除算の対象外（減額なし）
退職手当	子が１歳に達するまでの期間は、1/3を除算　それ以外の期間は、1/2を除算
昇給への影響	影響なし ※復職後、全休業期間を勤務したものとみなして調整（育休中は昇給時期に昇給しない）
共済組合掛金	申出により、以下の要件に該当すれば、掛金を免除 【毎月の給与】…①②のいずれか ①月末時点で育休中 ②育休の開始日と終了日の翌日が同一月内の場合で、育休期間が14日以上（土日祝含む） 【ボーナス】③④の両方 ③支給月（６月、12月）の末日時点で育休中 ④育休期間が１か月を超えている ※連続する二つ以上の育休期間がある場合は、当該育休の全期間を一つの育休期間とみなす。 ※申出をすれば、育休終了時の改定が可能 （育児休業終了日の翌日が属する月以後３月間の報酬に基づいて、標準報酬を改定）
配偶者の扶養関係	【健康保検（保険証）】（配偶者の扶養には入れない）　本人として加入を継続 【扶養手当】（配偶者の扶養に入れる場合がある） 育児休業手当金を含む向こう１年間の収入見込額が130万円を下回れば、配偶者の扶養に入ることができる。 【税法上】（配偶者の扶養に入れる場合がある） 育児休業手当金を除く年間収入が、 ①103万円以下の場合などは、配偶者控除 ②103万円超201万円以下の場合などは、配偶者特別控除 を受けられる場合がある。

勉手当）は、勤務実績に応じて支給され、1か月以下の育休の場合は減額されません。退職手当を算出する際には育休期間を除算するものの、昇給については、育休期間の全てを勤務したものとみなし、復職後に調整がなされます。また、**申請により育休期間中の共済組合掛金は免除**され、**子が1歳に達するまで育児休業手当金が給付**されます。育児休業は子が3歳になるまで取得できますが、基本的には**1歳以降は手当金の支給はなく、無収入**となります。ただし、父母ともに育休を取得している場合は、それぞれに手当金の給付があり、2人目の育休取得者には、子が1歳2か月に達する日まで最大1年の範囲内で手当金が給付（パパ・ママ育休プラス）されます。保育所等に入所できないなど特別な事情に該当する場合は、最大で2歳まで延長して給付されます。手当金は、「表5の給付額」のように算出されます。具体例として、標準報酬月額が26万円の場合は、下記のとおりとなりま

育児休業手当金計算例（以下の条件の場合）

【標準報酬月額】260,000円　【給付日数】22日　の場合
【標準報酬日額】260,000円×1/22=11,820円

（最初の180日）【給付日額】11,820円×67/100＝7,919円
【給付額】7,919円×22日＝174,218円

（180日経過後）【給付日額】11,820円×50/100＝5,910円
【給付額】5,910円×22日＝130,020円

す。これに加えて、約3万8千円（前述の例の場合の金額）の共済組合掛金が免除されます。育児休業手当金は非課税であり、育休取得前よりも所得税と住民税が減少することも加味すれば、**育休期間の最初の180日までは、育休を取得しない場合と比較して約8割程度の手取り金額が保障されている計算**になります。

中には、育休取得によって所得が減少したことに伴い住民税が減少し、予期せずに保育園等の保育料が安くなったという方もいます。

なお、育休中は職務には従事しませんが、信用失墜行為の禁止や営利企業等従事制限、政治的行為の制限など職員としての身分を前提とした服務上の制約は変わりません。

復職後の働き方について

育休期間を終えて、早く学校現場で働きたいという気持ちに駆られる一方で、育児と仕事の両立ができるのかという漠然とした不安を抱いている方もいらっ

表5　育児休業手当金について

給付期間	子が1歳に達する日まで ※パパ・ママ育休プラスの場合、1歳2か月に達する日まで（最大1年間） ※以下の延長要件に該当する場合、2歳に達する日まで
給付期間の延長	【子が1歳6か月に達する日まで給付期間延長】 以下の①又は②に該当する場合 【子が2歳に達する日まで給付期間延長】 1歳6か月に達する日後も以下の①又は②に該当する場合 ※1歳時点の延長手続きにおいて、2歳まで一括しての延長は不可 ※1歳時点から引き続き、全期間において要件を満たしている必要あり ①次の状況にもかかわらず、1歳に達する日後の期間について保育所へ入所できない場合 ・入所希望日が子の1歳の誕生日以前であること ・1歳の誕生日前日までに保育所等への入所を申請していること ②1歳以降、子の養育を行う予定の配偶者が次の事由に該当する場合 ・死亡したとき ・負傷、疾病又は身体・精神上の障害により、子を養育することが困難な状態となったとき ・離婚等により配偶者が子と同居しなくなったとき ・6週間（多胎妊娠の場合は14週間）以内に出産する予定のとき ・産後8週間を経過しないとき
パパ・ママ育休プラス	父母ともに同一の子に対する育休を取得する場合、2人目の育休取得者については、子が1歳2か月に達する日までの間に最大1年間（母は出産日と産後休暇期間を含む）給付
給付額	育児休業により勤務に服さなかった期間1日につき 【最初の180日】標準報酬日額の67%の額を支給(円位未満切捨て)…給付日額A 【180日経過後】標準報酬日額の50%の額を支給(円位未満切捨て)…給付日額B 給付額＝給付日額A又はB×給付日数（土日除く） ※標準報酬日額＝標準報酬月額×1/22（10円未満四捨五入） ※最初の180日には土日を含む ※雇用保険の育児休業給付に準じた給付上限相当額あり
請求期限	2年

しゃるかと思います。**復職後の働き方として、フルタイム勤務以外に育児部分休業や育児短時間勤務を選択することも可能**（表6参照）であり、いずれの制度も**子が小学校1年生になるまで取得できます**。育児短時間勤務は、四つの勤務形態の中から希望する形態を選択します。それぞれ、フルタイム勤務の勤務時間の50～65パーセント程度の時間となり、給与は勤務時間に応じた額が支給されます。また、再取得するには制限があることにも注意が必要です。

育児部分休業については、正規の勤務時間の始め又は終わりの時間について**1日2時間を超えない範囲で勤務しないことができる**とされています。例えば、朝30分遅く通勤したり、1時間早く退勤したりすることが可能で、給与については、勤務しない時間分が減額されます。育児短時間勤務との最も大きな違いは、**育児短時間勤務では勤務しない時間に応じて代替教職員が配置されますが、育児部分休業では代替教職員が配置されない**という点です。お金の面では、育児短時間勤務は退職手当の算出に影響があったり、期末手当が減額されたりしますが、育児部分休業については、昇給や退職手当、期末手当等への影響はありません。また、

表6　育児部分休業と育児短時間勤務

	育児部分休業	育児短時間勤務
対象	小学校就学の始期に達するまでの子を養育する職員	小学校就学の始期に達するまでの子を養育する職員
要件	小学校就学の始期に達するまでの子を養育するため1日の勤務時間の一部について勤務しないことが認められる場合	小学校就学の始期に達するまでの子を養育する場合
取得可能期間	子が小学校就学の始期に達する（満6歳到達後最初の3月31日）まで	子が小学校就学の始期に達する（満6歳到達後最初の3月31日）まで
請求期日	1月前までに必要期間について請求	1月以上1年以下の期間で1月前までに請求（延長時も同様）
期間延長	必要期間ごとに請求	小学校就学の始期に達する日までを限度に延長可能
内容・勤務形態	正規の勤務時間の始め又は終わりにおいて、1日を通じて2時間を超えない範囲内で30分を単位として取得可能 【例】朝30分遅く通勤する、夕方1時間早く退勤する、等） ※育児時間を承認されている場合は、上記の2時間から育児時間の時間を減じた時間を超えない範囲内	取得可能な1週間の勤務形態 ① 週5日×3時間55分（週19時間35分） ② 週5日×4時間55分（週24時間35分） ③ 週3日×7時間45分（週23時間15分） ④ 週2日×7時間45分、週1日×3時間55分（週19時間25分）
再取得	制限なし	当該子について、すでに育児短時間勤務を取得したことがある場合において、前回の育児短時間勤務終了日から1年経過していれば、再度の取得が可能　※特別な事情の場合は、1年を経過していなくても取得可能
給与	勤務しない時間分を減額支給	①給料月額、給料の調整額、地域手当等は勤務時間に応じて支給 ②扶養手当、住居手当等は全額支給
ボーナス	部分休業の総時間数に応じて減額 【期末手当】除算なし（減額なし） 【勤勉手当】部分休業の総時間数を日に換算し、30日を超える場合には勤務しなかった全期間を除算	フルタイム勤務の額を基礎額とする。 【期末手当】短縮された勤務時間の短縮分の1/2相当期間を除算 【勤勉手当】短縮された勤務時間の短縮分相当期間を除算
昇給	影響なし（フルタイム勤務職員と同様の取扱い）	影響なし（フルタイム勤務職員と同様の取扱い）
退職手当	影響なし（フルタイム勤務職員と同様の取扱い）	短時間勤務をした期間の1/3を除算
年休付与日数	影響なし（フルタイム勤務職員と同様の取扱い）	育児短時間勤務の期間の前後において、1週間当たりの勤務時間数又は勤務日数に応じて換算 【上記①の場合】1日あたり3時間55分の休暇が年20日付与 【上記②の場合】1日あたり4時間55分の休暇が年20日付与 【上記③の場合】1日あたり7時間45分の休暇が年12日付与 【上記④の場合】1日あたり7時間45分の休暇が年11日付与 （継続勤務期間が6年6月未満の場合は10日）
代替教職員	配置なし	配置あり（地方公務員の育児休業等に関する法律）
その他	父母が同じ時間帯に取得可能 育児短時間勤務との併用不可 育児時間との併用可 育児休業手当金等の支給なし	父母が同時に取得可能 部分休業との併用不可 育児時間との併用可 育児休業手当金等の支給なし

いずれの制度も1日2回請求することができる育児時間と併用することが可能です。

おわりに

ここまで紹介してきた育休をはじめとする各種制度の活用を検討する際には、何よりも周囲の理解と協力が欠かせません。**できる限り早い時期に家族と話し合い、ご自身の希望を管理職に伝え、相談しておくことが重要**です。保護者や児童生徒への報告時期や方法も配慮を忘れることなく、確認しておく必要があります。また、制度の活用に際して、住民票記載事項証明書など各種証明書類の取得が必要になることもあります。**手続を円滑に進めるためにも必要書類と手続方法について事務職員へ確認し、疑問や不明な点を解消しておく**とともに、**事前に書類を作成しておく**ことをおすすめします。

（井上）

【第6章　参考文献リスト】

・小室淑恵・天野妙『男性の育休　家族・企業・経済はこう変わる』ＰＨＰ研究所、二〇二〇年
・小島彰『事業者必携　最新　出産・育児・介護のための休業・休暇の法律手続きと実務書式』三修社、二〇二二年
・羽田共一『男も育休って、あり?』雷鳥社、二〇二一年
・内閣官房内閣人事局『男性職員・管理職のための育休取得促進ハンドブック　イクメンパスポート』、二〇二一年
・人事院『妊娠・出産・育児・介護と仕事の両立支援ハンドブック』、二〇二二年
・愛知県教育委員会『教職員の子育てサポートブック』、二〇二二年
・秋田県教育委員会『教職員の仕事と子育てガイドブック―仕事と子育ての両立を応援します―』、二〇二二年
・奈良県教育委員会『わくわく子育て！　いきいきライフ！　～みんなで育てる、みんなが変わる～　職員の子育て応援ハンドブック』、二〇二二年
・兵庫県教育委員会『ワーク・ライフ・バランス実現に向けて　～教職員のための休暇制度等～』、二〇二二年
・公立学校共済組合ウェブサイト（最終閲覧日：二〇二二年十一月二十九日）https://www.kouritu.or.jp/
・厚生労働省ウェブサイト「育児・介護休業法について」（最終閲覧日：二〇二二年十一月二十九日）https://www.mhlw.go.jp/stf/seisakunitsuite/bunya/0000130583.html
・総務省「地方公務員の育児休業等に関する法律及び育児休業、介護休業等育児又は家族介護を行う労働者の福祉に関する法律及び雇用保険法の一部を改正する法律の公布について（通知）」、二〇二二年 https://www.soumu.go.jp/main_content/000812566.pdf

執筆者プロフィール

〈第2～5章〉

江澤隆輔

福井県出身。中学校教師15年目。教科は英語。三人の子育てを妻としながら、書籍執筆・講演・オンラインサロンの運営などを続ける。著書に『学校の時間対効果を見直す！』『中学英語ラクイチ授業プラン』（学事出版）など多数。Twitter アカウント：@ezawaryusuke

森俊郎

岐阜県出身。小学校教師13年目。教務主任をしながら育児部分休業を取得して四人の子育てに奮闘中。エビデンスに基づく教育（Evidence Based Education）の実践と研究に取り組む。ロンドン大学客員研究員、岐阜県先端技術活用学校アドバイザー、埼玉県戸田市教育委員会教育データ利活用アンバサダー等を務める。

佐賀井隼人

山形県鶴岡市出身。中学校教師7年目。教科は数学。現在は娘と息子の二人の子育てを妻と共にしながら、仕事に勉強、実践研究を続けている。日本数学教育学会に所属し、数学教育関係の研究大会での発表や、雑誌・書籍の執筆等にも取り組む。

〈第6章〉

井上和雄

兵庫県出身。学校事務職員18年目。育児短時間勤務中の妻とともに、息子四人の子育てを満喫中。事務職員として学校防災に携わりながら、休日には防災士としてママや地域住民を対象とした講演やワークショップを行うなど地域の防災意識向上にも取り組んでいる。

＊本書に掲載されている商品またはサービスなどの名称は、各社の商標または登録商標です。
＊本文に出ている商品名・サービス名及び価格は、2023年２月現在のものです。

先生《せんせい》がパパ先生《せんせい》になったら読《よ》む本《ほん》

2023年３月16日　初版第１刷 発行

著　者　江澤隆輔・森 俊郎・佐賀井隼人・井上和雄

発行者　安部英行

発行所　学事出版株式会社　〒101-0051 東京都千代田区神田神保町1-2-5

電話　03-3518-9655（代表）　https://www.gakuji.co.jp

編集担当　戸田幸子　編集協力　西田ひろみ　装丁・本文レイアウト　細川理恵

装画　イクタケマコト　イラスト　三浦弘貴　組版・印刷　精文堂印刷株式会社

Printed in Japan　ISBN978-4-7619-2911-4　C3037

落丁・乱丁本はお取替えします。

「学校のワーク＆ライフシリーズ」刊行に寄せて

21世紀になり、“ワーク・ライフ・バランス”や“働き方改革”という言葉が使われ始めてから、社会の意識は大きく変わりました。

2007年に内閣府が策定した「ワーク・ライフ・バランス憲章」は「仕事と生活の調和＝ワーク・ライフ・バランス」とし、このようなメッセージを伝えています。

・仕事と生活の調和（ワーク・ライフ・バランス）が実現した社会とは、「国民一人ひとりがやりがいや充実感を感じながら働き、仕事上の責任を果たすとともに、家庭や地域生活などにおいても、子育て期、中高年期といった人生の各段階に応じて多様な生き方が選択・実現できる社会」である。
・仕事は、暮らしを支え、生きがいや喜びをもたらす。同時に、家事・育児、近隣との付き合いなどの生活も暮らしには欠かすことはできないものであり、その充実があってこそ、人生の生きがい、喜びは倍増する。
・働く人々の健康が保持され、家族・友人などとの充実した時間、自己啓発や地域活動への参加のための時間などを持てる豊かな生活ができるような社会を目指すべきである。

本シリーズでは、「仕事と生活の両方を充実させる」ヒントになるよう、学校で学び働く方々の「ワーク・ライフ・バランス」向上に寄与していきたいと思います。